丁丁
的
房產人生
雜記。

推薦序

真誠、清晰、理性地解密長久以來大眾心中充滿灰色地帶的房產世界。
推薦給想要了解建設產業的朋友們。

大硯建築 ｜ 鄭釗學

丁丁 這是一本用文字記載的房地產人生征戰實錄，不以聳動挑釁的嘩眾取寵。
真實的紀錄房地產的點點滴滴 我推薦。

澤緣建設總經理 ｜ 廖明我

是一本讓業界及消費者深入淺出，快速了解房地產各個面相的好書。

華邦廣告行銷團隊 總經理 ｜ 黃智明

本書觀念相當有助於想要買房子的人，既能給予正確的購屋態度，又有許多關於建
築與市場的知識可以吸收，誠心推薦。

華威廣告總經理 ｜ 張啟昌

我從事房地產業近28年，論能力，經歷，公司規模，經營績效，比我強的太多了，所以我從不敢自居是房地產專家，因為我認為，從事房地產最後結果只有兩家，不是贏家，就是輸家，也只有透過不斷學習，親證及反省，才能邁向成功之路，本書作者，年輕有為，能在工作之餘，寫下本書，其用心精神令人感佩，而本書內容充沛豐實，值得業者，消費者多所參考，因此本人在此很樂意為其推薦。

華邦廣告行銷團隊金兆威廣告執行長｜陳清賢

陳清賢

多年在台灣做不動產市場的研究，以這樣的立場給予一本值得花時間吸收之讀物的推薦。

這本著作非常貼近於現實狀況的一切所有，沒有為誰鋪路，也沒有為任何一方做引導，很客觀，很中肯，同時帶有專業領域的深度。

我想這對任何一個需要購屋的人們與辛勤在這行生存的賣方來說，應該都加減帶點啟迪的意味。

值得欣賞，也值得玩味。

寶麟廣告｜管清智

管清智

用淺顯易懂的語彙，解構房地產的奧祕，值得推薦給想瞭解房產的消費者及想踏入這一行的新鮮人。

海悅國際開發股份有限公司 業務部 主任｜宋子顥

宋子顥

「丁丁」是我看過對房地產非常投入，熱情滿分的從業人員。

相信此書一定可以帶給消費者最正確的觀念，非常值得推薦。

實易不動產事業群 總經理｜黃大容

這本書談的是房地產代銷人生活的點滴，作者「丁丁」對本身事業的細膩投入與觀察，值得各行各業的年輕人參考與學習。

實易不動產 代銷事業處總經理｜廖文仁

您有想過買房、賣房兩個行為，可以為您帶來龐大的財富嗎？不論買房、賣房，自住或投資都必須知道的房地產知識，房屋仲介必備專業法寶，看完書之後，人人都可以成為房地產贏家。

宏囍數位多媒體資訊有限公司 董事長

講生活網路科技股份有限公司 董事長｜董荐宏

丁丁本身從事房產行業多年，以自身經驗論述房產買賣之間的各種狀況，讓消費者能快速瞭解房產的銷售模式，進而選擇適合自己的房子，是一本不可多得的好書。

科技生活雜誌 經理｜陳志成

不動產的世界總是令讀者既期待又怕受傷害，因為總是無法對其領域有足夠的專業瞭解程度，僅能旁敲側擊的做功課。

此作者用一個少見於同書籍類型的角度來論述這個產業，同時身職十數年代銷第一線的工作，不藏私地分享客觀又真切的經驗，好看之餘，也許還能為人們買賣屋帶來幫助，推薦再推薦。

自由時報 召集人 ｜ 林政宏

林政宏

好書大推薦，打破大家對房地產的知識與解析喔！

開心廣告 ｜ 陳羿芬

陳羿芬

覺得作者很不藏私的把房地產關鍵眉角都做了很詳盡的介紹，任何人都應該買一本，非常實用，值得推薦。

米築株式會社 ｜ Vivian

Vivian

想買房，怕吃悶虧？建商賣房絕對不會告訴你的事、各種房地產的大小「眉角」，本書帶你一一解密：一個同時站在消費者與業者端的作者，把業界所有不敢公開的祕密一次「吐露出來」，帶你一探房地產的暗黑世界。

地產資深記者/地產祕密客版主 ｜ 黃敏婷

黃敏婷

自序

從事不動產代銷十餘年來的經驗，這是一本自述式的雜記。

沒有任何的立場，只秉持著中肯客觀的原則。

如果你是個正在找尋購屋、投資的買方，也許你能從此書中看到一般消費者比較不為人知的賣方小祕密與職業辛苦談。

如果你是個正在這個行業打拼的一份子，也許你可以從此內容獲得一些銷售靈感，或是買房比較普遍常見的消費心態。

在台灣，房市一直都是被大眾所關注的重要議題。

房價的走勢、區域的發展、建設的期待、政策的令改，也都在我們的生活中如影隨形。

購屋，是每個人的必經之路，同時也是在民生消費必需品中佔最大宗的資金量體，而若對其缺乏認識，或許會因此從中造成自己的損失。

相對地，不動產如今也成了人們投資理財的重點之一。

如果我們都能對這樣的市場充滿足夠專業度的了解，那你不會做錯決定，更可以因此放大資產，改變人生。

在資訊與科技快速發展的時代，往往許多觀眾會受到特定媒體或名嘴帶風向，但如何在不動產的世界中，堅定自己的信念，有能認定現實是非的判斷力，是很重要的事情。

我們可以從此作品之中探尋正確的觀念與邏輯，以求一個正面且不消極，沒有過多的主觀或極端，從平衡中來看待與面對房市。

不需要灑狗血的主題，也不用刻意去使用吸睛的話術，那種誇而不實的包裝，以點概面的偏頗，並非正確的務實之道。

市場不是你與我說得算，未來也沒有任何人可以預知，但是時間卻不會為你停下，鐘擺也不可能因你的後悔而往回盪。

做為消費者的那一方，死不買房不會是個正確的態度，但過度樂觀可能也不是個好方法。

身為銷售者的那一方，利益現實主義無法成就自己，我們都應該要善於從挫折中找方法。

無論你是哪一種立場，希望各位都能喜歡這樣的作品。

也期待你們都能買到自己所喜愛的房子，也祝福每一個正在這行業中努力生存的人們都能有好成績。

壹、建築知識

貳、市場分享

參、買方觀念

肆、賣方觀念

伍、業內競則

陸、職業心苦談

柒、自我審視

壹／建築知識

關於建築界與
不動產的大小事

社會住宅：只租不售，以低於市場行情的價格出租於民眾，土地政府提供，採BOT或委外興建，並由民間企業做管理。

合宜住宅：只售不租，以低於市場行情的價格出售於民眾，土興同社宅，但出售由政府單位負責管理。

國民住宅：只售不租，以無利潤之方式出售於民，有別上述兩者是完全由政府自地自建自售。

無論何種方式，都是台灣目前針對社會較低收入之民眾所設想思考的，為求解決無力負擔正常房市的對象來達成人人有屋居之理想。

先撇除掉政府的美意，不動產畢竟是種穩定的賺錢工具，也難保不會有人想從此找縫隙漏洞來圖利。

既然是要滿足大家都可以買得起房的目標，價錢就必定要與市場有一大段落差。

那麼以投資的角度來講，只要能取得，就是穩賺不賠，剩下的只有要怎麼滿足交易與買賣條件而已。

社會住宅比較沒有機會，因為只租不售，沒有產權。

合宜住宅雖有十年禁售令，但上有政策下有對策，如今也以法拍方式來成功賺取價差並轉手的破解之道在市場上流通。

國民住宅目前全省約有17萬戶餘，正常買賣也早已普遍不過，**只要有取得或設法滿足可以購入國宅之資格，基本上就是在禁售期間當作存錢或收租即可，沒有合宜宅那麼長的禁售時間，相對投報率與增值空間都相當不錯。**

試想，真正對這類型房子有需求的低收戶民們，又怎麼會有那種敏銳的嗅覺與精打細算的思考去關注這些便宜的房子呢？

在這社會只充斥著賺錢途徑的高壓競爭環境之中，當然政策上的美好總是不會太順遂如願的實現。

也因人民對於高房價之興嘆與不滿，再經過期待落空的事實與時間漸漸積怨已深。

當政府無力控制市場之時，這些人就會狂罵。

當社合國宅又被炒作之時，這些人還是狂罵。

自己沒取得承購資格之時，這些人依舊照罵。

當政局影響原訂計畫之時，這些人肯定也罵。

換句話說，處於低收戶或難以接受房子市場行情的人們，對於自己身在比較低階的社會地位，在各種條件都輸在金字塔之下，唯一能滿足的，就是不停地罵，就是不斷地抱怨。

那回歸到政府對這些政策的管理上，其實也並沒有那麼建全，這也很明顯的可以看出在公務人員上的外行、散漫、怠惰、貪婪等等……

比如在監工與營造或後續修繕等等之品質，爛到不行，雖是便宜造價，但卻不應該便宜行事。

比如在承購資格上的徵調其實也都只是標準流程，並無非常嚴謹的身家調查，也無相應罰則。

比如在禁售過程期間，也沒有相關的市場滲透與調查，也不會去追究那些走灰色地帶的案例。

在各種無能與無力的放縱之下，這些善意與美好，也都漸漸成了是種工具，那些真正需要被幫助的人，真的有被滿足到嗎？

其實比例上應該是比你我想像中的還要更低。

希望只租不售的社會住宅，可以真正實現人人有屋居的理想，而不是到最後成為了一堆二房東又或是成了民間企業另外圖利的工具。

「一邊是盡做些會被人罵之行為的政府，一邊是老不如己願就只會狂罵舒壓的金字塔之底，又該如何平衡呢？？總之目前來看，漁翁永遠會得利。」

台灣，中國，香港：公設計價。

日本，泰國，柬埔寨，英國，馬來西亞，新加坡，紐西蘭，澳洲，美國：公設各自有其登記規則，但都不計價。

有人曾經將兩岸三地僅用實坪來拆算單價結果得其數字是高不可攀，也幾近是全球名列前茅的房均價。

也因此不少聲音支持著要廢掉那些的虛坪，也認為台灣應該跟進那些國際腳步來公平化這些制度。

但大家可能都忽略了一件重要的事情，外國人有句話是說：「華人都愛炒房。」

是的，中國人承襲種族古老的觀念至今，就是有土斯有財。我們對不動產的認知與看法，是大大有別於其他國家的文化。

當然對於善理財投資且有耐性的黃種人而言，不動產是個極具理想的工具，而且這並不是近代才興起，這是幾千年前就流傳到現在。

所以在有計價於公設面積的地方，基本上政府都奉行著高地價政策，對那些在社會與國家金字塔上層的人們來講，不動產發展是對大多數人比較有利的方向，而這當然也是房價不斷飆高的源頭與理由。

長期演化而來的遊戲規則，是很難也沒辦法說改就改。

如同其他那些沒有計價的國家，突然要他們強制將公設計坪算錢，也一樣也是個不可能的任務。

在身處這樣的環境之中，我們也只能選擇去適應，因為這就是歷史所留下來的一切。

公設怎麼去登記，怎麼去計算，這些枝微末節其實並不重要也不需要特別去拘泥執

著它。

因為在建設端的成本上，它也是這麼被計算上去，換言之要免費蓋個公設不計價的房子給你，那是不可能的。

很多消費者會有個天馬行空的幻想是，當法令成功讓所有的新房都必須採取實坪制的方式來買賣，那麼房市行情的均價會有非常大的波動，最少都會拉上1/3的單價上去，因為這都是那些公設的價錢。

不要去做那種不切實際的夢，以為削去虛坪房價就會掉，那是很可笑的無知與外行，羊毛永遠出在羊身上。

那麼公設比為何越來越高？

因為在基礎上一開始就是這麼設定的，也就是公設計坪也計價，在時間的影響，建築技術、法規、要求，以及與法令相關的限制之下，這些虛坪就必須也必要性的被增加，雖然建商總是會在裡面動些手腳，但不變的是這數字得越來越高。

不可否認，台灣在不動產相關的規定上的確有很多矛盾與不合理的地方，但延續下來的一切與整個市場的買賣方也就都這麼認知與習慣，久而久之就成了這樣的遊戲規則。

就如同你到國外去買房不會看虛坪有多少一樣，每一個地方每一個區域都有著不同的制度，當然外國人來台灣置產，也得接受這樣的模式來買賣。

至於到底划不划算，如果硬要跟沒計價的國家比當然是吃虧。

但跟有計價的地方比起來，台灣房價並不算高，或是整個房價基期相對也低上不少。

加上這很難去做到真正公平的比較。

畢竟每個地區的收入、就業、機會、幣值、物價、稅金等等一切相關細節都是完全不同的。

對很多先進國家的外國人而言，他們以自己來台生活一陣子的感覺來判斷普遍認為台灣的房子並不貴。

但身為台灣的一份子，卻不少人嫌自己的國家房價貴得要命，這樣其實加減有違客觀，沒有身處易地過不會知道自己有多幸福。

「**公設比無法被改變，當然你也不需要去拿此做為拒絕買房的理由，為什麼呢？因為你是台灣人不是外國人，外面的月亮沒有比較圓，而你也身在台灣並非國外。**」

台灣不動產的不合理制度，傳承下來的就是一大堆虛坪，而此也成為在過去建商提高利潤的手法。

也是現在建設公司用來削去單價的戲法。

公設比例跟公共設施的多寡，並沒有絕對的關係與影響。

很多人認為，你公設比高是因為公設多，這是錯誤的認知。

試問，一堆建案並沒有太多的公設規劃，公設比也很高，這該如何解釋呢。

反之，一堆建案公設規劃豐富，但公設比卻比市場還低，又該如何解釋呢。

虛坪的定義：地面上大小公的分配比例統籌置入售坪中。

地面下的公用面積也分配進入到車位坪數之中。

在過去是怎麼讓利潤提高呢？

很簡單，各種售坪都有不同的「單價」。

例如住家30萬一坪，店面50萬一坪，車位10萬一坪。

既然總面積都是相同的，那麼虛坪該分配到哪裡比較划算呢？

分到店面，每坪就是賣50萬。

分到住家，每坪就是賣30萬。

分到車位，每坪才只賣10萬。

所以早期會看到很多車位權狀坪都很小，原因就在這裡。

那現在是如何讓單價下修呢？

在總金額不變的原則之下，公設比調高，單價就會低。

因為坪數多了，總金額除下來單價也就跟著下降。

同理反之，公設比調低，單價就往上走。

消費者總以為低公比就是無腦划算，這是不對的。

應該是這樣講，真要讓利的話公設比與單價都必須比市場行情都來的低，這樣才是真便宜。

那麼車位坪數再也無法像過去一樣可以做魔術了。

因為房價的基期差太多，加上隨著時間法規越來越嚴苛，以致於現行規劃建案的設定彈性沒了。

簡言之房價「看起來」越來越貴這也是其中原因之一，賣方已經竭盡所能的將單價看起來很便宜，即便這麼用力了，房價還是高。

在14層樓結構建築中，消防法規跟12層以下與7-10層建築是完全不同的。

基數越低的建築高度，消防要求就沒那麼嚴謹繁雜。

最大的差別，在於『單層電梯數量與逃生梯配比』。

多一部電梯：公設比多3%。

多一座樓梯：公設比多5%。

所以跟13年前的法規相比，基本公設比就差了8%。

那麼公共設施的空間是怎麼來的？

有的是開放空間去設計加工的，

有的是照比例必須分配出來的，

有的是為獎勵容積去二工來的，

有的是原本設定安排申請來的。

總之，最簡單的準則，就去參考「國宅」。

那就是標準無二工最陽春的社區規劃。

沒有豪華公設，沒有漂亮大廳，沒有豐富多元的設施。

甚至連圍牆都沒有。即使如此，國宅公設比也並不低。

只是看到很多的空間都浪費掉不免可惜，而商業建築為了行銷，為了社區的完整性與多樣化，為了住戶生活多元化，於此建商多半會設計這些公設來增加賣點與使用

邏輯。

所以公設比例跟公共設施多寡一點關係都沒有。

換言之，在法規要求基礎之後的公設比例，建商是可以做彈性調整分配的，在此之前公共設施的規畫早已定局，也跟事後這些坪數分配完全無關。

而在規劃案前之時，討論與檢討公設內容是一回事。

談公設比又是另一回事，且針對公設比的溝通都會與售價相連在一起。

要嘛35％單價下1萬，要嘛32％單價平盤，要嘛28％單價多1萬。

反正總金額不變，要怎麼玩就看你有多少膽量。

同時也要看市場能否接受。

真正買方要看的，其實應該是「主建比」。

壹、建築知識

身為全台推案量最大的建設公司，為何有此能耐？

寶佳機構，一個台灣不動產界的傳奇，一個足以跨足金融界的強大實力，贏的是甚麼？

寶佳一向貫徹市場派的策略，從一而終，幾乎不會改變這樣的經營方針，雖然中間無獨有偶的試圖轉型，不過經歷市場血淋淋的佐證，寶佳也只能做首購型的產品。

這個建商，不太喜歡從純預售期開始行銷，比較習慣賣成屋，或者半結構開始。

為的是快速回收，盡量省去多餘的工期，打鐵趁熱，從土地入手起，馬上規畫送照，趕快開工，不要浪費任何的時間，能蓋多快就蓋多快，盡速完工盡快交屋。

只要售價低於行情，只要總價貼近市場期待，那些關於品質細節的部分，以後再說。

以量制價，以量取勝。

對買方來講，似乎寶佳這兩個字就永遠性的跟品牌品質脫鉤，但也在售價便宜上普遍得到市場的認同。

既然在價格上有優勢，那就來比其他的東西吧！

地點、規畫、格局、性價比。

尤以地點為不動產首選的王道條件，即使品質不好，也總是能反轉一切。

所以寶佳的選地眼光，不是具有區域潛力就是取得非常便宜。

對代銷方來講，寶佳建案也是個鐵飯碗。

因為這個建商旗下的任何個案，幾乎不需要擔心會滯銷，一定會賣完，也有穩定的投報率。

也因此直接證明市場派還是整個供需面的主流，只要售價有吸引力，對於許多首購

族來說根本是沒得選擇，因為只有寶佳的房子你才勉強負擔的起。

近幾年，寶佳更大膽的在賣方普遍保守的時候，進行了全省性的獵地計畫，也快速的把土地行情拉高到了一個極限，也令許多從事土開的仲介單位，開了兩年度的春燕回收期。

自105年末起，你不敢買的，寶佳買。

你嫌地價太高的，寶佳來。

整合難度不易的，寶佳盤。

不好找到買方的，寶佳收。

無論從私人買賣到公開標售，或者自辦重劃，或新的區段徵收，全部都看得到寶佳。

無論從雙北至竹苗，中區到南部，甚至到宜蘭，也都看得到寶佳。

依照近年土地取得的比例來看，寶佳無所不在。

回推到往後五年內的建案來看，寶佳無所不在。

消費者在未來近幾年的選擇性，有五成都寶佳。

而此公司有著特殊的經營模式，數十年來發展至今，非常成功的內部創業方針，也迅速擴大了整個機構的規模。

如今寶佳旗下的子公司更多到60餘家，還在迅速的擴張中，只要是這間公司的一份子，你都有機會飛上枝頭變鳳凰。

這也是一個產業內甚少存在的成功代表案例，也不得不否認領導者卓越的眼光與培養人才的能力，以及果斷換血跟維持強勢競爭力的經營方針鮮少人能及其左右。

把有錢大家賺的這件事發揮到了極致。

寶佳機構旗下子建設公司：

・佳字輩：佳瑞、佳陞、佳展、佳泰、佳群、佳晟、佳福、佳昂、佳順、佳鈜、佳鏵、佳昕。

・合字輩：合遠、合康、合嘉、合陽、合新、合謙、合登、合硯、合雄、合展。

- 和字輩：和峻、和瑞、和耀、和毅、和築、和宜、和洲、和紘、和發。
- 勝字輩：勝旺、勝華、勝麗、勝美、勝興。
- 益字輩：益欣、益展、益騏、益翔。
- 鴻字輩：鴻築、鴻灃。
- 寶字輩：寶佳、寶誠、寶欣。
- 單獨輩：櫻花、協和、誠佳、傳佳、興築、鼎佳、築禾、泓瑞、悅佳、偉築。

寶佳主要營造廠：

國城營造、洛城營造、萬代福營造、協侑營造。

如果你嫌房價高，就買寶佳吧。

如果自備款有限，就買寶佳吧。

如果怕負擔太大，就買寶佳吧。

眾人所知的房屋售價，到底從何而來？

眾人不見得所知的，以為都是利潤與炒作惹的禍。

房價＝土地成本＋營造成本＋利潤管銷稅金。

這是一個 X＋Y＋Z＝A 的基礎計算邏輯。

做幾個假設來思考：

如果土地價格上漲，營造及利潤管銷稅金不變。請問房價會漲嗎？

如果營造成本上漲，土地及利潤管銷稅金不變。請問房價會漲嗎？

如果單稅金上漲，土地及營造與利潤管銷不變。請問房價會漲嗎？

如果你的答案是肯定的，目前台灣不動產的現況環境是：

土地價格不斷上漲。

營造成本不斷上升。

稅金政策不斷拉高。

利潤卻無法往上調。

那麼房價怎麼有辦法下修呢？

如果你是建設方、營造方、賣方，請問你要如何才能調降房屋售價來符合居住正義及名嘴學者的期待呢？

很簡單：

土地上漲的話，偷工減料豆腐渣。就便宜了。

稅金上調的話，偷工減料豆腐渣。就便宜了。

營造上升的話，偷工減料豆腐渣。就便宜了。

很多國宅、合宜宅，不都是如此嗎？

你希望不合理的讓房價符合期待，不就只能這樣嗎？

生意人就是要賺錢，不理智的買方總會認為是建商賺太多所以房價高，既然如此，你怎麼不試著自建自售看看呢？

當你置身處地的做過一遭，你才會知道，現在的建設業並不好做，現在根本不會有甚麼所謂可以暴利的建案。

甚至你會發現，自己自建營造起來的小單位根本一點都不划算，別說賺了，根本做不出市場行情接受價的合理利潤。若要賺錢，房價的結論就是貴的要命。

想想，你去便利商店買瓶飲料的時候，會跟店家反應：我覺得你們賺太多，應該要打7折給我。

這樣的觀念與態度，合理嗎？

要商人賠錢賣給你，要生意人不賺錢的賣給你，那他們賣方要喝西北風嗎？

為何不動產會變成許多人嘴下的工具與目標呢？

因為不會有人買不起飲料，但很多人卻買不起房子而把埋怨與憤怒遷就在價錢上，而學者名嘴等等的主張就成了這些人唯一的支持出口管道。

如果你還是主張認為房價必須要超越市場機制的強迫性下跌。

那請先主張那些地價必須下跌、營造與人事成本必須下跌、稅金比率必須下修。

如此房價行情必定重新盤整。

如果土地價格跟十年前一樣。

如果營造人事跟十年前一樣。

如果稅金政策跟十年前一樣。

保證房價也會跟十年前一樣。

不過呢，十年前也好甚至在二十年前，就有不少人在喊房價過高到現在。假若房市行情真的回去了，我想這些人還是買不下去。

因為這是個人觀念態度的問題，並非真的全然都是社會與產品或政府上的問題。

與其抱怨市場行情，不如多存點錢趕快買房子還比較實際一點。

繳了數年的租金，又或是賴在老家那麼多年了，除了打著幾年居住正義的嘴砲之外，你到底有得到甚麼好處呢？

會算成本的人才有資格抱怨房價高或低。

其實可以坦白的講出心理話是你買不起。

學者與名嘴們必須成為神才能有利可圖。

有做功課研究的人通常已經人生資產化。

偽神的信徒永遠藉口在炒作空屋少子化。

社區臨路出入口狹窄＝靜巷住宅。

基地位處偏遠位置＝離塵不離城。

建商品牌品質疑慮＝這次會更好。

建材國產陽春普通＝維修很方便。

浴廁沒有開窗採光＝飯店都這樣。

公設比很高＝公共設施豐富好用。

一層多戶少梯＝分層管制好單純。

社區多戶量體大＝管理費很便宜。

棟距不足面對面＝你買的最划算。

高樓層挺貴＝踩在人家頭上無價。

低樓層不舒服＝價差大買高很笨。

臥室房間很小＝睡覺夠用就行了。

格局奇形怪狀＝有眼光都買這戶。

合約沒看過＝要便宜就要趕快簽。

這價錢是最低的嗎＝就你買最俗。

凡事都是一體兩面，有你介意的缺點，就有另一面你沒看到的優點。

有你喜歡的優勢，就有其背後的劣勢。

話術，是運用各項缺點的優勢來行銷。

有沒有完美無瑕的產品，有沒有人見人愛的夯貨。

當然存在，只是價錢就會很貴。

消費者往往想要的是蛋黃區買蛋白價、進口品買國產價。但其實青菜蘿蔔各有所

好，你覺得應該便宜的東西總有人欣賞喜愛它，你覺得應該貴的東西也總有人不識貨。

在這個嫌貨人不見得是買貨人的時代，話術技巧更越要是高明無縫。

沒有賣不掉的房子，只有不會賣的人。

沒有賣不掉的房子，只有不會成交的價錢。

這兩句是屁話，只是給自己安慰而已。

在不能改變的事實之下，只能自己多努力一點。

人要衣裝，佛要金裝。外觀總是滿足了人們的視覺印象與觀感，進一步更能可以令消費決定是一種成就感。

建築外型與門面當然也不例外。

在當初還尚未開化的新竹，幾乎沒有外來建商的刺激與洗禮，當時的大樓根本毫無美感可言，也不會有氣派的基座分段設計，或是在外型有很獨特的規劃，當然更不是建商用心的重點，甚至許多建案都是「完全複製」前一個案子的外型，更甚者還複製不少一次。

案名或社區名字就更省事了，直接從NO.1到NO.？。

當然在市場的定律之中，甚麼樣的買方層次就決定了甚麼樣的賣方水準，當消費者根本無感自己所買的大樓長甚麼樣，又怎麼會對這種東西有要求呢？

久而久之，就是一個毫無建築美感與相當醜陋的市容，也並無隨著時間有太大的進步與突破。

因為沒有競爭，因為沒有刺激，因為客戶並不在乎。

然而在民國95年以後，台中及外地建商慢慢大舉入侵插旗，把那種具規模的設計大師或建築師作品帶到這個城市中，也潛移默化地在影響著市場對於建築外觀的重視。

在那個不動產逐漸起步到爆發性成長的新竹與竹北，經過了十來年也讓整個城市面容有很大的改善，不再滿街都是那種乏味難看陳膩的普通大樓，雖然無法與大城市相比，但對這個城市的過去而言，已經是跨躍式的突破了。

這樣的外來競爭也給在地建商帶來了衝擊，大家開始著重對於個案外觀的設計，也強化了對模型或是自己建築理念的要求，在銷售上也把外型規畫成為了一種競爭賣

點或優勢。

在買方的比較之下，在自己的突然驚覺，在同業的訝然之中，發現以前自家公司旗下的業績真是醜到不行，力致轉型。

當然，也有還在繼續蓋醜房子的建設公司。

建築上的特有風格觀感：

從早期豪宅帶入古典風格的ART DECO。

從新現代風格創造出的前衛造型與創意。

從國際話題與大師塑造獨特風格的作品。

從建商理念發展出專屬特色的建築語彙。

從新式建材工法整合出的一種獨領風騷。

從引入自然打造垂直森林化的時尚環保。

外型為何如此重要？

因為那是引領回家的指標。

因為那是購買眼光的證據。

因為那是身分地位的象徵。

因為那是水準內涵的代言。

因為那是帶動城市的地標。

因為那是令人稱羨的美侖。

如果我們都很忽略建築外型上的重要性，那跟住一般的國宅、公寓、華廈有何差別呢？

如果你都嫌棄自己的家很醜、很難看，又為何要買呢？

其實對於建商而言，外觀如果要打造得宜，是需要花費很多的成本、心血、時間所刻化出來的結果。

相對地，賣方可以毫不重視的隨便弄弄，反正醜與美，都有人會買單，又何必要進步呢？

不動產之所以稱作不動產，因為它必須聳立在那很久……很久的時間。如果就這樣醜一輩子，你可甘心？

換個角度來思考。

當你出國考察或旅遊之時，相信會對那些具特色性的國際建築會感到印象深刻或者列入賞遊行程重點之一。

所以你會出國特地去看很醜的建築物或是很隨意創造出來的普通房子嗎？

當你決定購買一台車時，外觀很重要吧？

當你要做任何消費的時候，外觀也是很重要的吧？

既然如此，為什麼買房子的時候卻要忽略這種重要呢？

既然如此，為什麼要助長建商的不長進呢？

建構建築外型也是很重要的成本考量。對賣方而言，那些最便宜、最首購、最普通一般的產品，都是最好賺的。

回收最快，風險最低，周轉最穩定。

最好消費市場都完全沒有那種眼光水準，這樣建商就會很開心的複製、複製、再複製、然後不停複製。

你還記得你家的案名是NO.？嗎？？

建設公司所構築的建案，是有不同動機的。

對一般建商剛起步而言，當然會以投報率與營收做為最主要的目的，直白講就是要做最好賺最可以賺錢的產品。

自然而然，很難可以會有甚麼作品可言。

當然某些建商就會持續以這個方向為目的繼續發展並擴大，這些主流也統稱為市場派。

消費者需要甚麼我給甚麼，買方要低總價我就蓋一堆低總價，市場要兩房我就給一堆兩房。

簡言之，運用最短最快的周轉方式來出售，是累積財富最快最好也最穩的做法。

但當建商到了某種程度，或者已經不再是那麼需要以賺錢為目的的時候，就會出現了一些「作品」，而這通常也在建築上傳達了主事者的理念與想法。

這樣的產品，通常都會讓人目不暇給的驚嘆、欣賞、與喜愛，進而收藏、自住、感到榮耀與驕傲。

可是……這種產品，基本上沒有便宜的，無論是單價或在總價上，不是高於行情就是不貼近於市場能接受度的價格。

這樣的作品，對建商來講，當然也不是一種很好賺的產品規劃，它賣的是一種對於藝術的美感，幾近無價的理念。

把創造建築本身的作者當成是畢卡索，是大師、是絕版、是稀有，而能接受這種產品的客層，自然是非常少數。

理念是餵不飽肚子的，理想也是不能當飯吃的。

同等於藝術家一樣，往往再苦熬了數十年後才會賺錢。

但除非本身就是不缺錢的業主，不然在台灣很少有建商可以有足夠的資源去支持自己的理想來創造作品。

不是壓縮成本，就是挑戰利潤，

多省的就是多賺的，能多賣的就別放過，能有漲價空間的就不要浪費。

不一定要賣得快，但價錢一定要賣得好。

所以在市場上，消費者想要能找到一種心滿意足且毫無懸念的建案，除非你有足夠的預算，不然這就是一種幻想。

而且在建築的世界中，越小的坪數越難可以發揮出這種條件，所以首購族基本上就排除了。

當然這種建案對於這些特殊的客層來講，已經不是錢跟預算的問題了，而是一種走到人生中後段的品味與退休後的生活理想，為此，人們願意買下價格不斐的美輪美奐。

那可否同時擁有內涵與符合市場的建案呢？

理論上不太可能，相對在首購客群的人生需求上，也總是先求有，再求好。對於那種賣方自認無價的品味，我想也很難與買方有共鳴。

畢竟便宜沒好貨，好貨不便宜。

跳脫價錢上的限制，你需要的是一種超越現實的夢幻建案。

帶著預算上的限制，你需要的是一種符合現實的大眾建案。

影響房屋成本最大的主因是土地價格，也是建構房屋最主要的原物料，那麼土地是很多消費者比較不易瞭解的部分。

因為不會計算，因為沒有概念，因為不懂。雖然很多客戶都會以網路資料上的造價來推房市行情，但那卻不是房價節節上升的主因。

買方總是會過度誇張的把賣方利潤算太多，把不認同的售價冠上很多奇怪的理由，總歸不是建商賺太狠就是投資客炒太高，也許是事實，也許並非是如此，但有個很大的問題是，最終的結論買方還是必須得去接受與吸收這樣的市場機制，怎麼抱怨、怎麼不想去承認，這就是台灣不動產的文化。

地價影響可以多深遠，土地單價多貴1萬元，房價至少一坪多上近5仟元，這也只是一個很保守的概算，如果是透天，那總價就差更多了。

可在你做的看房功課裡面，曾幾何時有去研究過土地的成交價格呢？？

相信在實價登錄的查詢裡面，土地行情可能都是業內人士會瞭解的主要市場概況，一般消費者應該很少會去查詢土地價錢。

換言之消費者認為的「貴」，很多時候是不負責任的，因為你們不知道為何而貴，成本為何而高，成本為何而來。

我們的政府，高舉居住正義的政策來打房，在稅制上對付不動產業，但為什麼政府不打土地呢？

如果要抑制房價的上揚，應該是要設法阻止地價狂飆吧。

唯一的理由就是個人利益，這也是做官的為何擁有為數不少的土地。

沒人會打掉自己的利潤吧？

沒人會跟自己的祖產過不去吧？

那麼民眾到底何時才能期待房價下修，何時才能實現講了數年而終於發生的那一天？可能只有在市場最恐慌的時候才能有這樣的機會吧，但矛盾的是。

大家在恐慌時，市場在崩盤時。

你敢接刀嗎？？

不要怪別人放養不動產那麼久而暴利這麼多，因為在別人勇於進場的時候，而你卻總是笑人傻子的那一個。

而真正在獲利的人，總是低調又默默的在賺大錢。

不要用自己的眼睛看待自己無法看到的事實面，這樣你買房子會開心一點。會正面樂觀一點。

在不動產的世界裡，隱形富豪遠多過你我的想像，在你認為那些不可能會成交或賣很好的市場中。

它還真的是有人在買。

那種價錢也還真的是有人買單。

房市，永遠都跟著景氣跑，買氣是圓心，賣方是圓規，我們必定圍繞在圓心不斷地公轉。

自備款，一直以來都是影響買方決定速度的關鍵。

不要小看只有僅僅幾％的差異，卻能對業績造成大大的刺激。

但賣方願不願意妥協與配合，這就得看各建設公司的「原則」了。

超低自備有哪些項目呢？

預售屋：一般買賣設定貸款成數標準都在70％。

1. 最常見的是將貸款成數提高，降低自備總額，這是比較單純的方式。令買方降低在預售期要準備的資金壓力。好一點的案場可以拉到85％-90％。

2. 訂簽開金額降低，這是比較少見的方法，主要受限於銷售方的成本（服務費），理論上與消費者收的款項不得低於銷售支出，但能降低這收款比例，對業務是很大的幫助，畢竟訂簽開是第一筆較大額的現金支出，許多首購就是因為資金不足因此降低購買欲，所以一般我們都會鼓勵買方去信貸頭期款出來加速購屋決定。

3. 工程0付款，通常預售屋就是將自備款由工程進度來進行分期，這部分的比例決定於你是選擇多少的自備總額。如果自備比例越少，分下來的金額就越無感。

新成屋：

1. 只要XX萬即可交屋，除了基本貸款成數，其餘使用各種名目來申請額外的貸款，比如說裝潢貸款，首購家電待款等等。

2. 配合AB約來拉高貸款成數，甚至到幾乎全額貸。

3. 差額或貸不下來的部分由建商貸款給買方。

所有降低自備門檻的動機，其目的都是為了可以滿足一般大眾消費者的夢想：如果

買房子不用準備現金多好，如果買房不用錢就好了。

也合理，如果台灣購屋能完全不需準備自備款的話，那買氣就瘋狂了。

上述的方式，買方都伴隨著必須要承受的代價。

要知道，買房子是必須遲早要準備好那個屁股來消費的，意思是當你沒有到達基本門檻的負擔能力，遲早要面臨到週轉的問題。

以投資立場，這些方式可以提升槓桿運作，增加投報率。以自住立場，這些也都是能讓你提早決定買房的關鍵，以後的問題以後再說。

若以市場面來分析，超低自備是挖出消費金字塔最底層之下那些埋在沙裡的人們來買房子。

現實面是如此：

景氣越好時，市場新屋的總價越高，自備門檻條件也越硬。賣方何必委屈那些能收的現金來成全買方呢？

景氣越差時，市場新案的總價越低，自備花樣方式也越多。賣方為了生存與持續經營來與買方共體時艱。

但並非所有的建商都有條件做超低自備的手法運用，通常規模越大的公司，就越能在財務上移花接木的運作讓買方有多元的方法去配合。

相對如果是規模不大的建商，除了擔心風險之外，其實在財務操作上這一點是比較苛刻的，畢竟現金收得越少風險就越大，因此在市場上看到那些比較誇張的超低自備，基本上也就只有那幾家建商而已。

那在大量以此方式成交的客戶層之中，很可能在未來的幾年內發生一些系統性或連貫性的風險。

超低自備對買方來講最大的關卡會在剛交屋的前三年，比起正常購屋的每月負擔，前者會比後者多出一倍以上的壓力去分擔那些前期該繳卻沒付的資金與利息。

當然也許一開始可以撐住，但難保之後可否持續維持，若無法在堅持下去的時候，你的房子就會面臨到急售或降價求售的險境，最嚴重還會淪為法拍屋。

所以這種方法，很多時候是一種甜蜜的超級負擔，撐得下去，就能持續實現屬於自己那美好的家、窩、殼，撐不下去，那就只是前幾年的夢而已。

無論是哪一種方式來刺激你決定購屋的衝動與速度。

記得，遲早是要還的。

別讓買房最終變成是一種惡夢，別讓擁房變成是比租屋還不划算的決定。

包裹甜蜜的糖衣，超低自備，低優付，低首付。

其實在台灣的建築歷史上，有著階段性具關鍵的進化點。同時在建材與法規越來越進步的狀況下，基本上新式建築物的抗震程度是比過去安全非常多倍的。

在專家與專業的努力研究之下，現在的房子要震倒那可是毀天滅地的程度才會產生可怕的後果。

最早鋼筋續接的方式，是以搭接綁鐵線來做，在續接器還沒產生的時代，鋼筋接合處是最脆弱的，但此建築方式卻還有不少留到現在，如果屋齡超過30年以上的房子，有很高的機率性都是此工法做結構延伸。

然而續接器的問世，起初都還以車牙螺旋的方式來固定，雖然強化了許多，但還是經不起921的考驗。

因此對於抗震的基本要求，921可是很重大的分水嶺，此後就出現了SA級摩擦焊續接器，與鋼筋一體成型來做搭接，大幅度強化了耐震等級。

加上政府開始以各區域的地質來要求結構的抗震係數，要符合最基本的數據，才予以建照准許施工。

如果沒有人為的疏失或太過於誇張的偷工減料，基本上新式大樓是不太需要擔心地震的。

也秉持著「大震不倒，中震可修，小震不壞」的原則在做建築規劃，在每一個建商的設計原則之中，安全永遠都放在第一項必須要顧及的重要考量因素。

「安全、實用、美觀」，先著重建築安全，再來設計消費者的實用面，最後再來追求美觀。

沒有一家建設公司願意承擔高度風險來本末倒置的在做建築設計。

那麼常常聽到的耐震建材，其實多半是因為可以增加賣點與銷售上的優勢。

在成本考量上，要能增加到明顯有些許抗震係數效應的制震、耐震、免震等建材，是要額外多上非常高的成本來建構，這時建商會考量到市場售價能允許嗎？

這是一個相當尷尬的問題，要有效果需要花大錢，但這效果只有「一點點」的幫助，那不然來做一些可以足以打廣告的就好了。

當然不見得每個建案都是這樣做，基本上還是有不少建商真正願意去做到徹底完善的耐震建築，只是對於消費者的體感而言：

在怎麼耐震或在怎麼貴的豪宅，都不可能可以令你地震來臨時毫無感覺，建築在承受能量衝擊時，渺小的人類也無法用錢來抵抗天災，只是在安全要求上，可以增加點安心程度而已。

所以其實不需要額外特別去追求耐震建築，即便口碑品牌再爛的建商，理論上現今的大樓，是很難會倒塌的。除非人為因素之外。

若特別害怕地震的人，可以花大錢來買安心。這倒也無仿。若擔心搖晃程度，那就買低一點的樓層吧，會暈晃的感覺可以少一點。

但耐震結構，永遠不可能為人類克服地震完全不會有搖晃的感覺，除非建築物遠離地面。

同業的業績與來人量：

這個行業慣性誇飾法來論述自己場子的成績，這是很常態不過的基本邏輯，沒有人會說自己的不好，也沒有人會真正的對業內報憂不報喜。

有些場子說完銷，過陣子又跑出股東保留戶。

有些場子說倒數幾席，過陣子又跑出倒數幾席。

有些場子說熱銷七成，而後結案怎麼還有那麼多。

業務單位的成績自然是個商業機密，所以在報來人與銷況的時候，得根據各不同公司的人來打個折數。

事實是甚麼呢？

真的成績很好的場子，是不太會打廣告的。

真的完銷可令的案子，撇除移至成屋現場銷售地的例子，接待中心二話不說馬上拆除，一分錢都不會浪費。

久了，自然對於這樣的資訊，就只是一個寒暄打屁的話題，沒有太多實質的參考空間了。

業主的保證：

計畫永遠趕不上變化，業主永遠是大魚吃小魚，雖然白紙黑字可以做為一種擔保。

但為了生意的持續，業主的保證與承諾又能算甚麼呢？

在執行個案的過程中，時常會遇到出爾反爾的狀況，甚至是確定接案之前的保證，跳票的多的是，更別說是一些關於其他生意介紹的機會。

說不漲價，還是會漲。

說不會變動建材，到最後還是會技術性調控。

說一定給你做案子，最後還是會被攔截。說會照合約走，最後還是隨狀況改變心意。

說該給的都會給，但遇到要砍服務費的，鼻子還是只能摸摸。

所以業主的保證，平常心看待就好。

久了，自然見招拆招。上有政策，下有對策。

媒體通路的效果：

正常而論媒體想知道自己的效果都是依賴於詢問現場的主管，而這窗口能否確實收到這樣的回饋訊息則是從第一線的業務來收集。

但資訊的確實程度卻掌握在現場的管理與要求上，在每個業務能否重視這點來對客戶很徹底的要求其來人動機與媒體來源。

當這個過程並沒有太紮實的建構，很多業務都是隨便給交代的，甚至根本不知道案場有打哪些或沒有打哪些廣告，還會勾選填上那些根本沒發包的媒體。

那麼就會產生很多所謂的媒體效果是來自於主管與窗口的個人喜好與主觀。

我覺得那個有效，我覺得這個沒效。通通都是你「覺得」，沒有客觀的數據分析，而媒體卻接收到這些並不是那麼真實的訊息在傳遞出去，自然就惡性循環於自己身在圈中，卻不得而知自己產品的優缺點與改進或突破點在哪。

久了，對於媒體業務的效果資訊，也成了一種話家常，真正的參考價值，可能就在於自己對於市場的分析研究程度了。

代銷的收入：

其實很多業內或外界對於本行的收入，一直都看待於一種高收入的觀感。其實不然，做代銷，永遠都只有「公司」會賺大錢，以此而言，除非自己是老闆，不然都頂多只是小賺而已，比起那些不為人知的臆測，其實我們並沒有賺很多甚至很少。

那麼不動產的現實也容易產生很多必須要為了面子，才能包裝自己能力的腫臉皮胖子。

我看過一個場子門口全停雙B但沒半個客人，是的。那全部都是業務的車子。

我也聽過對於名牌等奢侈品的投入是把自己建構成為上流社會般那樣的治裝。

我也遇過對於名車名錶的支出永遠大於其收入的比例平衡，很納悶的是把辛苦賺得錢全拿去養一台車或錶，不如拿去養房子或做生意還比較實際一點。

簡言之，這圈子沒那個屁股的人永遠多過於實力堅強的人，通常前者高調匱乏，後者低調實在。

久了，對於這種收入的評判，其實一點意義也沒有。

除非入股，除非自有投資分紅，不然只單靠基本的薪水與獎金，尤其在時機不好的景氣之下，幾乎大家賺的都是為了生存的辛苦錢而已，求快不如求穩，求多不如求實。

我絕對不會說出去：

現在是一個高度資訊化的時代，而帶有資訊者則也保有了一定程度的資訊價值。

講出去就沒用了，但很多人會因此來做為一種交換與人際關係建構的工具與方式。

但有些事能說，有些話不能說。而最常聽見的，就是「我絕對不會說出去」。這句話是最大的荒謬與矛盾。

對於多數人來講是一定絕對會傳出去的，因為他得到了那份屬於他自己的資訊價值，拿去做為跟其他同業關係上的交流也是很好的籌碼。

所以如何去自律與管控哪些資訊可以被傳遞，哪些不行，就是一種藝術了。

傳遞出去後有何對自己有利的推斷與策略，也是很好的思考。只有自己刻意想傳遞出去的訊息，才拿來做為交換。

那些絕不可以被傳遞的訊息，就深埋在自己的專業領域內就好，那些很有價值的訊息，就藏在自己的腦袋思考裡就行了。

這個時代，無論甚麼大小事，其實都是資訊戰。

沒有甚麼獨家，只有廣泛深度與否而已，畢竟圈子很小，越能珍惜自己羽毛的人，會得到更多。越能尊重他人的人，會得到的更多。

車位價錢
迷思。

對消費者來講，很多人認為建商車位賺太多，越賣越貴。

其實不然，對於車位，在建物的認定上是模糊的，因為權狀上車位是被計入公設面積登記，沒有如同預售屋或新成屋般的把車位獨立拆開計算。自然就產生了一些灰色地帶。

「車位」，是不計入在坪效裡面的，換言之對建商的投報比而言是1：1。

車位是需求，是一定要存在的規畫，但真正賺錢的是樓上的面積，而非地下室的格子。

所以車位是沒有賺錢的，車位賣再好，也都只是打平成本。

至於那些媒體、名嘴、甚至有些論述現今買房車位都比車子還貴。把這問題歸咎在建商的營利，是非常外行也偏離事實的。

建設成本比例最高的地方在於大底與基礎工程，很多特殊強化的工法成本甚至還高過於車位的總售價。

這樣，你還會認為建商在賺車位嗎？

有人會買房不買車位，可不會有人可以買車位不買房。

房屋的需求地位遠大於車位。自然可以運用數字遊戲來平衡消費者的認知買價。

但無論如何，車位價錢隨著時間越來越高是事實。

想想吧，在車位與地下室的收入與支出是打平的狀況下，為什麼車位會「越來越貴」？

為什麼台北市一個車位要價300萬？

為什麼南部偏遠區車位只要100萬？

為什麼十年前平面車位才賣7.80萬？

為什麼現在同區域車位要賣百來萬？

因為土地。

土地是建設業最主要的原物料，當土地價越來越高時，車位也會被迫漲價去稀釋掉那多出的成本。

這也是成正比的邏輯。

越集市的鬧區，越有價值的地點，車位理當越貴。

這些都是受限於土地價格。

當地價越來越高時，在房地售價比例就會增加。

在台北，你的房價有70%以上在土地中，在其他區域的過去，你的房價只有30%在土地上甚至更少。而現在平均土地比例也都拉高到40%以上在土地中。換言之土地是影響所有房價與車位價格的主要原因。

並非建商想拉高利潤。

車位是沒利潤可言的。

車位永遠是先買先贏，先買先選。

如果你看到鄰居的位置怎麼這樣好，那他一定比你早決定。相對看到鄰居停的位置怎麼那樣爛，那他一定比你晚買房子。

車位的選擇權，永遠是取決於你的購屋速度。

當然，那些在看屋過程中還有很多好位子可挑的狀況下，代表建案銷售成數還沒有那麼多。

人性依然會見證一種矛盾，早進場的人會擔憂自己是不是白老鼠，怕買了一個不是賣很好的社區。而晚進場的人則是抱怨自己沒得挑沒得選了。

而車位，最終大至也是種市場行情，機制會決定不會有人特別便宜或特別貴。只能做一種判斷就是，在建商沒有多餘利潤的狀態下，車位的確是會越來越貴。

而且，未來也會越來越貴。

想要房價修正，想要車位便宜。除非土地價錢便宜又大碗。但那是不可能的。
上游的不可能，下游當然也是不可能。

有這麼一說，建設公司推案賣房子都是「暴利」。

何謂消費者端所認知的暴利呢？

聽來也覺得頗奇妙，有人認為建商售價獲利最少賺1倍，甚至數倍的都有。

究竟事實暴利的定義在哪呢？？

在於「投資槓桿」的資金運用。

以股票來舉例了：

現貨買賣＝槓桿1：1。100元的貨用100元購買。

融資買賣＝槓桿1：2.5。100元的貨用40元購買。

期貨買賣＝槓桿1：19.7。100元的貨用5元購買。

選擇權買＝槓桿1：40-60。

選擇權賣＝槓桿1：13.6。

你拿出的現金少，其餘是借貸。用別人的錢來做生意賺取收入，這才叫「暴利」。

而非坊間所認知的其產品成本很低廉，賺取過大的中間利潤值，錯誤的認知誤會就容易產生對市場行情不切實際的幻想跟期待。

以不動產而言，建商槓桿的運作可以如下，但做法卻並不相同，不見得每個建設公司都願意把投資槓桿放大。

1.購買土地後以土地去借貸，算是產品的第一次借款。

2.土地抵押申請做建物融資，算是產品的第二次借款。

3.建設過程中以建物做抵押，算是產品的第三次借款。

4.成屋後以空房子來做貸款，算是產品的第四次借款。

每一次借貸，都是一層槓桿放大。只要能周轉利息，建商就能生生不息。

而所謂的暴利就在於此，你拿出的本金越少，則現金投報率越高。

無論你借了多少比例的資金，房子所出售的利潤比其實都大同小異，並非誰就賺得特別多或特別少。

唯二之一的差別在於「土地取得成本」，誰取得低，誰的獲利空間就越大，誰養得久，誰就賺得多。但土地算暴利嗎？

嚴格來講並不算，因為台灣土地閒置增值創造許多數不清的富豪，也因投資土地創造更大財富的企業財團也不在少數。在台灣，擁有土地就是最大贏家。這因時間所累積起來的價值，並不算「暴利」。

另外的差別就在於建造成本，近年寶佳全省大獵地，能無視越趨飆升的土地行情還在繼續收購的原因，就在其營建成本的競爭力。

寶佳旗下所有公司的建造費用遠低於市場行情的30％以上，自然能下手那些其他人無法接受的土地價格。

因為在相同的產品售價下，寶佳可以承受更高些的土地價錢來取得原物料（土地）。

所以，別在誤解了建商的暴利。

應該是這樣講，即便是你借了很多錢來做生意，其實你也是暴利。任何人都可以在任何行業或投資上暴利。

只要你願意放大，再放大更大的槓桿比例。

事業成功了，生意很好了。

那麼就會取得最成功的「暴利」。

很多消費者並不知情甲級營造是甚麼，又有啥差別。

在台灣，光甲級營造的牌就價值1億多，為什麼呢？

因為有這張執照建商就可以擴大經營規模，是很多建設公司的跳板，是能管控更多建築品質與成本的捷徑。

取得資格：

綜合營造業分為甲、乙、丙三等。

一、必須要置領有土木、水利、測量、環工、結構、大地或水土保持工程科技師證書或建築師證書，並於考試取得技師證書前修習土木建築相關課程一定學分以上，具2年以上土木建築工程經驗之專任工程人員1人以上。

二、丙等升級乙等：必須由丙等綜合營造業有3年業績，5年內其承攬工程竣工累計達新臺幣2億元以上，並經評鑑二年列為第一級者。

乙等升級甲等：必須由乙等綜合營造業有3年業績，5年內其承攬工程竣工累計達新臺幣3億元以上，並經評鑑三年列為第一級者。

換句話說，營造業一般以毛利三成計算。

一家甲級營造廠，最少已經營了超過8年以上的經驗，且營業額已累積了5億元以上，也就是賺了至少超過1億元。

那麼營造廠跟建商有何關係呢？

基本上，只要有錢都能成立建設公司。但建商本身並不是蓋房子的，算是一個總執行與代表的單位。

若自己本身沒有營造廠的建商，風險就會比較大，因為這樣的公司是打游擊戰性質的，可以說休息就休息，停業就停業。景氣好就來推案做生意，景氣不好就關門大

吉，甚至只有幾個人頭就能成立營運建設業。

那建案是誰來「製造」呢？

發包營造廠，外聘營造業來處理工地的部分。

所以營造與建設單位是分開獨立的，不能涵蓋同論。

也就是說既然是發包給外廠，自然就很難去管控到品質細節，在統包與整合各建築單位廠商的過程中，也很難去做到平行溝通，如果只是花錢請人蓋房子而不盯緊或者是去嚴謹要求，即便是甲級資格也可能去馬虎很多眉角。畢竟不是自己公司旗下，約束力有限。

再來最重要的就是成本管控，外聘營造廠的成本通常會比自有營造廠來得高，畢竟都是要賺錢的，建設方也只能乖乖的照行情來買單。

如果建設業有自己甲級營造廠，一般而言會比較穩定，因為必須要長期持續營運一定程度的人事，通常公司本身的規模也會比較大與正常。再者若時機不好，建商可以不推案，但旗下營造廠還是能接其他外案來維持收入與經營成本。

有些公共建設或必須要進行中的建案，並不會因為景氣差而全部停工，這對以永續經營與生存為目的的建設公司而言是一種轉圜的空間，相對對消費者而言也比較有保障。

那麼甲級也有建設規模資格的限定，通常透天的案子是不需要甲級資格的。

所以當你在審核建設公司的品牌與業績時，營造廠也是很重要的參考依據。

你所承購建案的品質，建商本身是監督單位，但營造才是執行單位。

必須相輔相成，才會有好的建案產生。

工務不是業務。

業務不是工務。

當景氣好時，建商產品通常都會往大一點的坪數來規劃，這時候套房與兩房產品會比較稀有。

例如滿街跑都是40～55坪三房幾乎是當時市場的主力產品。

當景氣不好時，為了降低總價刺激銷售量，各種房型的坪數全都會下降，而尤以願意做一些更低坪數的產品會更有吸引力。

例如20～25坪的兩房，30～36坪的三房，42～46坪的四房。

但在建商的投報原則邏輯下：

坪數切割越大，成本越低。

坪數切割越小，成本越高。

總樓層越低，成本越低。

總樓層越高，成本越高。

公設比越低，成本越高。

公設比越高，成本越低。

如果可以，景氣好時所規劃的高公比及偏大坪數的利潤是最好的。當然若有豪宅的市場那更好，所以台灣豪宅可以賣個十年八年也無所謂，超高的利潤比，只要建商不缺錢根本不需要降價求售，慢慢賣還是會賣完，只要賣完就是暴利。

反之百般無奈下，但為求持續經營與生存，景氣不好時所規劃的低公比與偏低坪數的利潤是差很多的。

再來是建材所佔據成本的邏輯，很多消費者會認為建材等級不會影響太多，這是非常錯誤的觀念。

在不動產的世界，越小的坪數規劃就越難有提升建材等級的彈性，因為利潤就夠低

了，又怎麼有辦法去在標準建材上加價呢。

相對若有機會看到比較頂級配備的建案，售坪通常都不會太小。

同理，若你時常都是看些小坪數的物件，別期待會有太好的配備。但如果遇到建材很厲害坪數也很划算的建案，那肯定是佛心來著的稀有案例。

另外，在建案的規劃之中。零店面的住家平均售價也會比有店面的案子來得高，店面通常都是多賺的，當然也會有稀釋住家售價空間的作用。

狠一點的，店面住家都超貴。

普通點的，店面貴住家還可。

良心點的，店面住家都尚可。

佛心來的，店面住家都便宜。

仔細一點，也可以發現。全台推案量最大也是造價最低的寶佳機構，即便在景氣不好的時間點，坪數壓縮也會有個極限。

比如寶佳不推低於28坪的兩房，不低於35坪的三房。

不妥協的最大原因，就是投報率。

當然這也是寶佳旗下沒法創造更有震撼話題的廣告與更突破價格戰關鍵的主因。

想想以往都以低於市場行情價為賣點的一貫手法，卻沒在坪數上更極端的向下發展，實在有點可惜。

現在最有競爭力的產品：

應該是30％以下的公設比，國產以上的建材。

19-21坪的兩房一衛。

25坪的兩房一套半至兩衛。

30坪的三房兩衛。

42坪的四房兩衛。

能配套出這樣規劃且格局又不錯的業主，應該珍惜。

現在購屋，房屋貸款成數都在總價7-85成以上，相對房產價值大部分都在銀行手上，也就表示銀行所承擔的風險遠大於你。與其擔憂你買房後的價格漲跌，銀行比你更害怕市場與經濟上的劇烈波動。

在過去，超高的利率讓人卻步，很少人會貸款買房子。所以許多老一輩的會認為銀行是吸血鬼，也叮囑你千萬不要跟銀行借錢或借越少越好。

台灣房貸利率歷史一覽：

同樣借款1000萬，每月大約需負擔的利息。

83年，利率平均在9％，每月利息約7.5萬。

87年，利率平均在8％，每月利息約6.6萬。

88年，利率平均在7％，每月利息約5.8萬。

89年，利率平均在6％，每月利息約5萬。

90年，利率平均在5％，每月利息約4.1萬。

91年，利率平均在4％，每月利息約3.3萬。

92年，利率平均在3％，每月利息約2.5萬。

93-98年，利率平均在2.5％，每月利息約2萬。

99-至今，利率平均在1.6％，每月利息約1.3萬。

相距25年的前後，房貸利息可以落差到5倍以上。

低利時代，低利經濟環境，為什麼要貸款？

1.透過每月必須繳錢給銀行的壓力，多數人會盡快還款來降低貸款利息總額，因此可以快速累積資產儲蓄。

2.市場上房貸總額逐年攀升並屢創紀錄，雖然銀行所承擔的價值風險越來越高，但也

因不動產保值且極具投資增值的特性，讓銀行非常願意做房貸放款收利息做為主收入業務之一。

3.只要是與賣方新購房產，你的最高損失金額不過房屋總價的15％，但銀行可能所承受的風險代價會是你的好幾倍。

4.房貸利率只要低於租金行情，那麼購屋就比租房划算，並且做為房東還有錢可賺。利息與租金的拉距越大，則投報率就越高，用銀行的錢幫自己創造被動收入，也用租客所付出的房租來幫自己繳房貸。

5.無論是再有錢在有資本的投資單位或企業，很少人會完全拿現金出來不做任何貸款，使用槓桿可以更有效拉高投報率，所以低利也是刺激經濟的主流手段之一。

6.利率是牽動通澎最關鍵的因素之一，只要利率一直維持沒有調升的空間，那麼透過時間影響，不動產的價格就會不斷上升。

7.銀行是現實的，但你最終還是會屈就於這樣的世界。剩下的只是早買晚買與早貸款晚貸款的時間差別而已，會阻礙自己人生資產化的始終還是自己。

8.居住正義是荒誕滑稽的假議題，台灣貸款總額佔GDP的一半，假使政府真正希望房價下跌，那麼所下降的成數同時也是國庫蒸發的比例。

不動產食物鏈與賺錢順序：

1.地主：原物料的最上游，土地賣掉當然地主先入袋。

2.建商：加工者，房屋出售最先回收資金的單位。

3.代銷：建商所委託的賣方，出售既得服務費。

4.仲介：當消費者所要轉售時的大眾通路。

代銷、仲介。是完全不同的體系、文化、工作內容，也是不同的專業領域，在收入與支出，以及經營事業的投報過程，也是撤底的不相干不一樣。只不過一般大眾都以為是差不多的職業。但事實是可謂井水不犯河水。

性別區分：

在代銷，男的就丟去主管職培訓從打雜開始熬，女的僅專職在業務，所以在代銷的世界中，很少會看到男業務，也很少會看到女主管。

在仲介，就沒這分別，男女從業工作內容都是相同的。

門檻：

不動產工作一向不需要甚麼門檻，不需要太多的學歷，甚至也不需要太多的經歷。但兩者間會有些微的差距，在代銷會稍微注重一點「儀態」，意指選人的過程中會直接過濾掉社會最底層份子入行。而仲介比較不會有這方面的關卡（信義除外）。

工作模式：

代銷是需要長期在案場上班的工作，不僅沒有自由彈性，而且不可能在假日休息，接待中心幾乎是全年無休的，且平均工時會較長。

仲介就比較彈性，算是自律型的工作，甚至你需要周休假日，也可安排，所有一切

的公司命令，比較屬於配合性質，你可以讓自己累得半死忙得要命，也可以兼差性的東拖西賽碰運氣。

薪資：

代銷人事管銷是高額成本，因為需要人力駐場，所以薪資都會在35K以上（除了新人及資淺幹部）。

仲介是幾乎沒有底薪的，在高獎金體制下，都只有2〜5K。

而普專有底薪的體制，也不會讓你領太久，因為在仲介事業經營的投報模式下，是沒有太多的資源能夠長期負擔人事薪資。

獎金：

代銷的獎金沒法跟仲介相比，以業績金額的千分之幾來做計算。同樣一千萬業績，業務獎金不過2〜5萬左右。

仲介是以業績%數比例來計算，差別就很大了，如果是高專制度，一千萬業績獎金可達10〜15萬，如果又是自己開發的物件，則在加倍上去。但若是普專制度，可能獎金只會有高專的1/3以下。

獎金發放時間：

代銷之所以有薪資支撐，獎金發放的速度不會那麼快，短則2、3個月，長則6個月，每家公司各有不同，也有配套條件式的發放法。

仲介獎金就快多了，通常1〜2個月內就能入帳，所以很多缺錢有拼勁的，都會選往這條路，只是幾個月內就能見真章，導致仲介人流率是非常高的。

工作內容：

代銷，是靠廣告，包裝吸引客戶上門，而業務的任務就是在一張桌子上收下業績，靠一張嘴，花點時間耐心與態度就行了。在產品的所有內容與工具現場都會準備好，心力只要專注在現場來客成交就好。所以代銷業務多半會挑案子或公司。

仲介就不一樣了，比較廣泛，有開發端也有銷售端，但無論何者，仲介物件是琳瑯

滿目的，甚麼產品都有，既沒有統一的包裝與銷售方式，也沒有所謂統一的行情或價格。仲介賣的，不是品牌也不是產品本身，主要是在個人的服務與形象的比例偏高。

結論：

聞到有先後，術業有專攻。

仲介與代銷同是服務業，同是賺取業績的工作，同時也是銷售產品總價最大宗的業務員。

以業務角度來範疇，無論是黑貓白貓，能抓到老鼠的就是好貓，業務世界是結果論，是成交論。

只是井水與河水的努力與專攻方向不同。

一個很會賣的代銷跑單，業績是擒來到手，成績穩定，掛上薪資總年收入都能過上不錯的生活。

一個很會賣的仲介業務，客戶是飯來張口，開發銷售專精通吃，雖然只能靠獎金收入，但爆發起來也是很嚇人的年收數字。

代銷，賣得是產品與專業。

仲介，賣得是個人的信用口碑與服務。

同樣都需要付出大量的心血、時間、努力與不斷被客戶折磨或打擊的經歷，都需要扛下不為人知的那一面而不斷地尋找業績與掙錢。

但這也是身為這行業務值得驕傲的地方。

以投報論：

「時機好時甚麼都不是問題，時機不好甚麼都是問題」

在一個景氣無敵的時段，做仲介業務的收入機會是比代銷跑單高上許多的，畢竟房子都好賣的時光，獎金比例天差地別。

但做為一個事業或公司而論，代銷投報機會是比開仲介公司來得高許多，當然風險承擔壓力也是多上好幾倍。

但是沒有所謂哪個好賺或哪個好做。

因為這個行業短視近利就是自掘墳墓，太過現實最終就是會被現實擊敗，代銷亦或仲介，都是如此。

取兩者之中庸各方吸收長處及優點，會是未來能站穩腳步最重要的基礎原則。

壹、建築知識

貳／市場分享

以個人職業經驗
所知的立場與
角度做分析

千萬買宅
億萬買鄰。

曾經台灣流行起一陣豪宅風，新竹也不例外，但在這一層的定義與真正的豪宅規格，總是有著不少的落差。

眾所皆知的「北中悅、中聯聚」，是不折不扣的金字塔頂層的高端豪宅品牌。

而標題這一句話，就是用來突顯所謂豪宅價值的所在與靈魂。

一般人可能會認為，豪宅只是貴，或者貴就是豪宅。

這是對其錯誤的見解。

豪宅是由人際眼光所構成的，換言之，房子本身等級如何，價錢有多貴，這些都不是重點。

而社區到底住了多少仕紳名流，多少企業主與高收入或社會菁英分子，這才是最主要的。

豪宅是一種身分表徵，是一種貼切於自己地位層級的證明。

所以豪宅個案若沒有相對非常突出的特色，也不無法受到這些人物的青睞。

「並非你的產品不豪，而是深度內涵不夠，品牌力不足。」

在新竹，充斥了許多所謂的假豪宅，以為將坪數放大，做個毛胚屋，在弄些外籍設計建築師，就把自己定位成金字塔頂端。

但真的是如此嗎？

由行銷方法與購買客層，就能略知一二。

豪宅建案是要有堅持於自己定義的豪氣與架勢，不受經濟環境影響，不受自有財務影響。絕不促銷，也絕不價降求售，更不妥協於需讓利給買方。

所以豪宅能賣得快嗎？

很難，每一個豪宅個案沒賣個7、8年都難下句點。

對於賣方的各種行銷手法，不如給高端客戶看一下鄰居芳名冊。與其暴露那些人名，不如分享有哪些企業代表入住。

人們需要的是同溫層，同個領域的世界，同個等級的身分，而不是那些銷售流程。

一棟真正的豪宅堪稱是一本迷你的富比士名人榜、富豪榜。

你以為幾千萬的房子很難令人接近嗎？

錯了，豪宅客會認為殺價很丟臉，要也是叫其他人出馬。

對於便宜這種事，不建立在他們的消費思維上。

為什麼要買豪宅？

不就是要告訴大眾「我買得有多貴嗎。」

不就是要表態說明自己並非是凱子，而是頂級人士。

他們一般不缺錢，甚至現金買個幾億都沒問題。

重點是：有沒有符合他們胃口的產品呢？

很明顯的，新竹很少有。

即便新竹已有為數不少破3、5千萬以上的房子。

但要在走上更頂端的品味，還是有不少瓶頸。

比如說：

為什麼我家隔壁是寶佳？

為什麼我家旁邊是首購？

為什麼公設這麼的普通？

為什麼管理這麼的一般？

為什麼服務這麼的隨性？

為什麼沒有藝術的氣息？

為什麼沒有匹配的鄰居？

為什麼沒有建商的款待？

為什麼沒有特別的安排？

豪宅多數配備以毛胚為主，目的在於頂級客人們對於內部空間建材格局等等的想法是有一定的堅持，毛胚對他們來說是賣點。

但為數不少的建商是把毛胚當做成用豪宅產品來減成本的理由。

一般建案在於公領域與住宅的成本配比頂多不超過30％，更少的還有在於僅5％左右。

但真正的豪宅，可是會拉到50％以上的。

任何一個細節，都是天價。

也許你只看到一座吊燈，但它連不明顯的吊鍊也相當注重。

也許你只看到一片主牆，但它連看不到的底層也所費不貲。

也許你只看到幾棵大樹，但它連見不著的故事也用盡心思。

「豪宅絕不省錢，省錢絕非豪宅。」

這幅畫，必定出自大師之作。

這段字，必定取於傑作之餘。

這座像，必定雕於藝術之端。

這傢俱，必定購於收藏之手。

這飾品，必定選於菁英之眼。

無論是空間設計，建材選用，組合搭配，都是費工曠時的千錘百鍊。

在各種從裡到外的細節，無一著墨於要求各領域之巔。

把對品味的這件事，打造成一種完美事實並呈現出來。

從不復刻，從不馬虎，從不隨便。

這種登峰造極，創造出上流人士的肯定。

這樣才是豪宅的精隨。

賣豪宅是不需要業務技巧的。

賣豪宅需要的是對其產品及其細節所有過程的欣賞與了解。

與其用賣這個字，不如說是在介紹一幅古董，在與客戶一同品味這件藝術品。

當然即便如此，豪宅的投報比與利潤還是所有建設產品裡最高的。也因為這樣的暴利特性，讓不少建商在時機大好的時候趨之若鶩，紛紛貪心起而隨意規劃所謂的一堆大坪數房子再冠上豪宅二字。

《千萬買宅並不難，但好鄰花億萬也不見得能擁有》

居住正義難以實現最主要的原因都是來自於利益。

只要中間過程有某一方必須要汲取利潤，那最後的成本始終都會轉價在消費端上。

這是個真人真事，在台中，一名仲介堅持著自己的理念，希望能透過媒體與自己的努力實績，來傳達給社會的一些訊息。

你可能很難相信，「哪有仲介不為錢的。」

也或許很難置信，「有不現實的仲介嗎？」

為了理想，你可以付出多少？

你又願意付出多少代價？

這位出生與經歷都不是太順遂的房仲，即便從小有著相當不好的生活與鐵血教育，但在父親與哥哥的相繼過世之後，更刺激了他強大的意念要完成這樣的使命，更做為是一種對親人的悼念。

僅憑一人之力，將41年的廢墟大樓做都更，為此也必須承擔許多的困難與壓力，自己也因這個案件身背上百條民刑訴訟，更遇上不少的刀槍威脅，但即便如此也擋不住那堅定的毅力。

沒有背景，也沒有團隊，更沒有黑白關係，全部只有一人孤身奮戰，在一年餘完成這個屬於他自己的壯志。

他將這個老宅徹底的翻新並設計規劃打造成全然不同的環境，希望在這個高房價的時代中能給予許多首購族有便宜房子買的機會。

於此他從這一個工作項目之中並沒獲取自己該有利潤，也沒因此賺取他辛苦的報酬，只將自己所付出的成本打平抵銷而已。

在這個建案之中，所有的買方幾乎是暴利。

因為在這樣一個難得的機會之中，這名仲介的理想令居住正義在這社區實現了，客戶的購屋入手價格只有同區房價行情的一半，也令這些首購族重新定義了對不動產的看法與觀感，雖然不允許投資客的進場，但現值行情也漲了近兩倍。

這是一個在業內極為稀有難得的案例。

一個不計工酬與回收利潤有多少的「房仲」。

一個只為理念比買方還承受更多的「仲介」。

事實也證明，正義這件事情是雙向的。

當賣方那一向的層層源頭願意無償之時，那買方就能取得低於行情許多的價格。

但現實的是，即使買到這麼低的成本，房價馬上又會回到市場的行情，於是就換你這個買方賺錢了。

是的，第一手的買方要「賺錢」，又怎麼可能還會有下一手的「正義」呢。

以此類推，這個社會就是你不賺我賺，我不賺你就會賺。

只要有賺這個字的存在，台灣的社會就難以真正實現居住正義。

這個故事令人動容且感慨，也必須要學習一件人類高尚且獨有的特性跟精神：

「為了理想，不惜代價勇往直前，絕不放棄的堅毅，果敢奮鬥去爭取自己的意志。

而那件事，不一定是在金錢與事業物質上面，用於回饋周遭所有是更為有意義的存在」。

一個建案的原物料來自於土地是眾所皆知，也能從其取得與現況平均的營造成本就可窺探房屋售價一二。

但中古屋呢，沒有這些原產品的建置成本，行情又是怎麼來的？

在沒有實價登錄以前，這個市場資訊不是一般消費者就能夠取得，除非你花了大量時間與心血在做調查與分析，不然大多數除了時常在經手的仲介之外，中古屋的行情是既不透明又很凌亂。

台灣的房屋權狀一直都存在著被詬病的坪數登記問題，以致於好似中古屋單價看起來都比新房便宜，但買方也很容易忽略了車位的獨立價值。

《車位本就不應該將坪數登入計算在權狀坪之中》

事實上中古與預售新屋之間是不能拿來做比較的。

因為折舊率是事實，因為這些中古房當初預售時是更為便宜的，因為中古屋只有取得成本卻沒有建構成本。

於此為何地段這麼重要，因為漲的其實不是你家，也不是你的裝潢有多漂亮，也非於你的社區有多知名，而大部分都是因為地點這個最重要的因素，漲的是土地。

顯而易見的例子：

剛重劃一片空地時，地價20萬所售之建案房價10萬。

十年後9成都已開發完成，機能核心與區域價值也成熟了然。

此時當初這10萬的房子也增值至20萬。

可旁邊還尚空地的地主就會用這20萬的行情來回推自己的土地若要出售最「少」應該要定在甚麼數字。

當然地主們都不會這麼佛心的用這個「少」來論價，事實上通常都會在50萬以上，

也就是比當初更高的增值倍率來賣。

換言之，房子增值一倍的時候，土地可不只有一倍，雖然到最後同樣都會變成是「房價」，可建商所加工與製造的成本也會隨時間與發展不斷增加，因此就成為了新建案越來越貴的原因。

土地不會被折舊，但你所居住的房子卻會，雖然增值，但其實還是會受時間歷史來相去折數價值。

所以中古屋的行情，在屋齡上是非常重要的考量，超過於十年以上的房子，折舊率會遠大於增值率。

而脫手率與增值比最高的年限最好控制在5～8年。

而預售屋，是完全沒有這層面的影響，而是以此建築個案的即時成本所造就出來的。

在產品本質基期不同的狀態下，要怎麼比呢？

區域發展的邏輯之中，大約以下：

剛重劃完成，居住機能不便，但房價行情最低。

數年後成長，移入人口大增，房價尚可但上走。

十來年成熟，城市定型完成，房市行情最高點。

已幾無土地，生活核心繁榮，中古新房再創高。

而土地，蓋完就沒了。

新預售，也會變中古。

0到1，1到2，2到10，無限循環，當區域越能成為是市場買方購屋指標的重點之時，房價就是會一直漲。

理由只在於簡單的供給與需求，地越少，新案就越貴。

那麼中古也成為了連鎖效應隨著時間增值。

「要比中古屋就拿中古屋來比，要比預售屋就拿預售屋來比」

台北市長期以來一直都是台灣不動產的房市指標，除其首都的地位外，最重要的是那高不可攀的房價與地超狹人很稠的特性。

如果說台灣還有沒有其他城市能夠取代台北市這樣的指標，以現況而言那是難以達成的事實。

即便高鐵已經完善到人們都很習慣這樣的南北通勤一日生活圈，也沒有任一都會區可以複製台北市。

從高鐵站區的設計，先來看看差異吧。

台北站是在市中心內，而其他高鐵站至桃園以下無不是在偏僻的郊區，光這點就已大大的把城市核心與交通匯集給拉遠了，更別說機能差距。

而台北又是全省捷運共構系統與鐵道地下化最成熟也令人民最依賴的成功案例。

交通一直以來都是不動產價值的先決條件，也奠定了一個建案位置好不好的判斷因素之一，同時也是需求者最首位在意的一件事。

雖然台北市很壅塞，但不可否認這個首都是全國交通系統最完整的城市，其他縣市至少還落後十數年以上的時間差距呢。

另外影響房市最為深遠的是供需量。

如今台北市因為發展腹地非常有限，根本沒有甚麼重劃區還是可開發的空地範圍，在稀有量少需求又大的時候，價錢就能達非凡人能觸及的境界。

假若某天可以無條件剷除淘汰超過40年以上的老房子，將其夷為平地，那麼台北的房價就會有很大的改善。

但在此之前，全省應該沒有任何一個城市的密度可以比台北更高的了，因此也成為了台灣房價指標的最大原因之一。

能買得起台北市新房子，基本上與其他縣市地區的房價相比根本小菜一碟。

在交通與供需原則下的雙生效應特性下，這樣的指標除非國內房產與發展政策有很大的突破或斷捨離，否則台北市將永遠都會是台灣房市最高的指標。

想想，交通這麼方便。

想想，可建地那麼少。

想想，需求量那麼大。

這些極端的理由於是造就了「天價」。

照房市平均價格而言，北部單價都高出中南部許多，因此其他六都想成為全國房市指標的可能行性實在太困難。

頂多在交易數量上面可以看出宜居城市的變化，但中南部的行情或成本要能夠與雙北做比較，還有很大一段的距離。

所以因此有些人會以台北某案某例的降價來說嘴誇張對全市場的預測，當然也會有人將北市行情又創新高來引述。

其實那些言論都是相當不客觀的，為什麼呢？

1.你又不會去住台北。

2.你也不會去買台北。

3.你又買不起台北市。

雖貴為指標，但在不動產的行情遷徙歷史之中，台北市依然是一個很獨立的城市，整體市場不會跟著它的價錢而有太多的連動性，因為它是全國縣市最特別的地區。

簡單講，台北漲，那是台北不是其他地方。

反過來，台北跌，那是台北不是其他地方。

用北市數據與法則去研究其他城市是沒意義的，用來做比較就更荒誕了。

於此，台北市更可說像是一個小小國家，而非那種還在努力發展基本建設的都市。

「誰說指標就一定具有全國房市的連帶關係，那是外行人在講的話。」

一個沙漠小鎮，古老的舊城，新竹的特點就是小。

如果沒有發展科技業的遠見，新竹現在還真不知道能不能晉升為一個全台收入最高與最幸福的城市呢。

記得早期，新竹有三大缺：

一缺醫療資源，早期重症與較精密的治療都得要到外地大醫院。

二缺連鎖品牌，無論是食衣住行各種消費的品牌早期是很難在新竹看到，所以要買精品要找特別的牌子甚至是飲食相關，都得要去外縣市。

三缺百貨飯店，新竹以前號稱百貨業殺手，倒的倒跑的跑，也難見具規模的商城，同理在新竹也不見星級飯店或具吸引外地人觀光的景點。

而如今卻也完全不同了，尤以近十年來的變化更為巨大。

新竹無聊嗎？

很無聊，這是一個為工作而來的城市，有許多外來人口，有許多外遷進來打拼的年輕人，其實大家最初都是為了賺錢而移民來的。

竹科只是一個核心，因各行各業都想賺竹科人的錢，進而把這層圈圈透過時間不斷的擴張，變大。

因此，沒有科學園區這最為重要的中心層，就沒有今天的新竹與竹北。

這小城的面積，只有台中新北市的1/20大。

所以在這邊生活的人們其實重疊性非常高。

在新竹長大的人，基本上成長過程與環境，彼此間所認識或聽聞過的人，幾乎都差不多。

「誰誰誰是我朋友的朋友」，這可能是最常見的一句話。

「我爸跟他媽是好朋友，你的誰跟我的誰，總是都認識」，這也是在新竹最為普遍的現象。

也因上一代的人際圈也是這麼小，下一代或下兩代也就這樣持續下去了。想想也正常，長期歷年下來，新竹人口也都僅在30-40萬人居間。

地狹人少，所以碰來碰去，都是那些你所熟識的人而已，以致難有突破性的素質成長。

只要去趟巨城，肯定加減都會遇到認識的人，無論是同事、親友、客戶、或其面熟的路人甲乙丙。

這在其他大城市中是相當少見的狀況。

而如此也讓在地人相當缺乏競爭力，就像建築物一樣。

因為沒有外在的刺激，過於安逸，同溫層廣泛，市場也就這樣的隨遇而安下去了。

早期，沒有外來的人事物與之分食市場，在地掛的建築物、建案、大樓，醜的醜，鳥的鳥，俗的俗。

沒有深度的內涵，也沒有知名的建築或設計大師的加持。

直到竹北高鐵特區的發展，新竹特有的消費力吸引了許多北中南的建商紛紛插旗立足。

當然也充滿了許多外來相關工作人口，在這樣的刺激之下，終於也為新竹不動產帶來了活絡的氣息。

以不動產的角度來看：

新竹的建案普遍規模都較小。

新竹的客層對地點感觀狹隘。

新竹的廣告基礎成本相對低。

新竹的平均去化率穩定平順。

新竹的SP活動不具特別效益。

新竹的市場品牌迷思非常深。

新竹的消費者普遍喜新厭舊。

新竹建案成敗兩瞪眼的極端。

在這裡，隔一條馬路，很抱歉你的地點就是很有差。

在這裡，產品好不好，也很直接決定了全案的生死。

在這裡，不要自詡神，死案可令無數個代銷死光光。

在這裡，決勝資訊戰，這邊的買方重度依賴網路圈。

以前新竹人普遍難用，因為不比外地人耐操，其職業精神與職場態度也真的很不一樣。

而環境所帶來的影響，十年來也趨融合成一種平衡後的結論，事實也證明在一個城市的發展過程中，其主軸的消費購買力是非常重要的。

從巨城的成功，也帶來了後續更多的百貨商圈擴展的契機，想想十年前的竹北都被大品牌認為是個不毛之地，沒有投資價值，如今卻也成長為是必家必爭的重點發展區域。

從建案與重劃區的遍地開花跟成熟，現在的新竹有豪宅，也不乏許多大師之代表作品，具有較為話題性的建商或建築物也在這個市場上洋溢著進化過後的結果。

新竹雖不具有如其他大城擁有完善的先天條件，但依然還在成長中，是一個具有高度發展潛力的城市特質。

也因其腹地小的特性，時間也讓新竹成為一個獨特的地方，說不上愛或不愛，久了也漸漸習慣了在小城奮鬥生活的精神。

它令人感到無趣、無聊，但同時也漸漸令人感到安穩。

因為這裡的房價比較起來，普遍相對低廉。

看看今日，全台收入最高的地方，全台繳最多稅的區域。

房市行情還比別人便宜，也足以代表著，新竹還有很多的發展空間。

十年一變，十年之後，相信這又會是一個更不一樣的城市。

在經濟不斷的循環與變遷中，不免有人賺錢，也有人賠錢。

金流如同血流一般，從你口袋中失去的，就會流入到他人的荷包之中。

而比較複雜的一點就是：借貸與槓桿。

把資金透過時間去稀釋，但可怕的是這世上幾乎沒有永恆價值的資產。

例如買車貸款，用6年的時間去還款。

可車子一落地就折舊，開越久價值越低，你用了6年的槓桿去使用了這個產品。假如入手第一天就意外全車毀損呢？

你就得去背負這段債務。

同理，一般房貸都是20年期限。

假使在這段期間內房價崩盤了，那些損失的金額到底跑到去哪了？

答案是在未來的時間裡。

你所損失的，都透過槓桿的反向關係去償還。

而不動產為何會是中國人獨鍾的理財方式呢：

假設你投資某檔股票，公司的營運很難長保永續生存與成長，所以無法可以對投資人有長期的保障，人為變動的因素與風險太多太高了。

另外從歷史經驗來看待，每個時代都會有不同的主流產業，而那些曾經是股王股后的公司，跌下來之後就幾乎回不去了，換言之根本就沒有日不落帝國的上市企業。

而連動其他產業與經濟的標的或是短期炒作的金融產品、基金、投資型保單，甚至是石油、黃金、虛擬貨幣、還是其他被包裝起來的複合性指標，也同上述，很多時候你賺了利息，卻賠了母雞。你上了車，卻開入懸涯。

所以保守的人，是不會把錢投資在別人的公司令自己去承受無法掌控的風險，把子

彈奉送給甚至不認識的人來使用。

或是投資在一個沒有真正以成本構築起來的實體，怎麼會有保障呢？

而不動產，卻完全沒有以上的缺點與特性。

921時，台中的房價腰斬。

SARS時，七期只要10萬一坪。

在台灣的歷史之中，你可以看到房價就像股王直落到變水餃股的實例，但之後呢？

漲回來了，還漲得更高了，也意味著房價跳水並不是掉下來的刀。

應該是這樣講，不動產的持有只要你不缺錢，只要你沒有恐慌，而透過時間的最後你始終是個贏家。

即便中間的過程中可能有些許波折，但在房地產的世界中並沒有永遠的股王，也沒有永遠的一蹶不振，只有時間所帶給你的財富。

而這母雞每年都會為你下蛋，且幾乎永遠不會因環境影響去賠掉這隻金雞母。

「除非你缺錢。」

房價不會一直漲，但把時間拉長就絕對穩漲。

房價一定會盤整，但不會就此低迷躺平不起。

如果你在房市波動調整的時機點進場，你會賺不少，重點是你要有種有眼光有膽識。

人性之貪，在下跌時認為會繼續跌。

人性之嗔，在恐慌時跟著流行恐慌。

人性之癡，在高點進場在低點出場。

如果你認為房子不應淪為投資炒作的工具，就應該要買。

如果你認為不動產應該可以給你帶來財富，更應該要買。

綜歸結論：

房子透過長遠的時間，價值必漲。

房子透過銀行的貸款，風險極低。

房子透過保值與回穩，收租無限。

既然這是鐵錚錚的事實，那麼這個經濟金流最後還是會回到你的手上。

而重點是，你有沒有房。

有，但機率是微乎其微。

至107年底，台灣房貸放款總額為7兆台幣，建築貸款總額為1.5兆。

意味著你我所皆知的全國不動產價值幾乎都由金融機構在承擔，為了維持國家的經濟運作與金融體系的健全，只要是還在政府的掌控範圍內，都不會輕易讓此事發生。

除非發生了國際級或全國性的嚴重金融危機或天災人禍，以致完全失控的情形，房市才會崩盤。

而現行的房貸成數，基本約房價總值的70％，換言之假若發生了崩盤危機，而經過金管會的壓力測試計算與評估，台灣的金融機構在房市崩跌的3成內都不至於影響整體運作。

房貸的成數設定，也是一種銀行自保的風險管控手段。

當經濟環境允許放款成數越高時，代表銀行也樂觀看待後市，反之成數越低則表示持保守態度，將風控比例提高。

而銀行也不是傻子，除了不動產的利息收入之外，也會做其他的資金避險用途。

意指左手借你錢，右手炒房。

兩手一交替，賺了增值、租金、還有你的利息。

然而房市上漲，你賺了錢就會存銀行，繼續再用這筆錢持續循環，穩賺不賠。

那麼房價要跌到多少的程度，才會引起系統性的連鎖風險效應？

超過40％以上，就會帶來非常嚴重的國內經濟危機。

很多經濟學家或企業龍頭都會清楚一件事：

股市崩盤並不會帶來民生震動與經濟蕭條。

但房市一但崩盤，就是每個人的事。

它會造成金融機構相繼破產倒閉，你存在銀行的錢會消失不見，基本物資數倍通膨，提款擠兌，現金與鈔票完全不值錢，再進而造成平民百姓的個人破產等等。

簡言明，就是一包衛生紙與一棟房子的價格是一樣的，可以想像那是多麼恐怖的事情嗎。

所以在理論上，每一個國家都會傾盡政府之力去預防避免這樣的事情發生。

許多人會期待房市崩盤的來臨來撿便宜的房子來買，可卻不知在經濟的角度而言，你所期待的可是絕望與慘淡。

供給與需求，造就市場與物品的價值。

如果沒有需求，就不會有其價值存在。

簡單的舉例：

當假日來臨時熱門區總是車位難求，這時候你就可以坐地起價，而也會有人購買這樣的代價，這就是價值與供不應求。

反之平日根本沒人在搶車位，誰又會願意加價停你的車位呢？

同理：

你覺得房子沒人買，那又怎會有那麼多建案產生呢？

你覺得房價不合理，那又怎會有那麼多人去購買呢？

所以別用自己的角度與眼光來看待整體大局與市場。

也別用自身的狀況去衡量所有跟你有相同需求的人。

當時間證明了市場就是你眼前所見的事實面貌，同時也證明了你的想法與擔憂是多慮了。

我們可以這樣去思考，銀行是最為現實的行業，而幾乎人人購屋都需要房貸，既然你認為房市會崩盤，為何金融機構不擔心呢？

要知道，你所存的錢都放在銀行呢。

要知道，銀行是用你存的錢放款呢。

當你需要將錢存在銀行時，當你需要與銀行借款時，就更不可能會發生崩盤了。

為什麼呢，因為銀行認為你的觀念是種荒謬與不切實際。

也就是，你不會比銀行的專業來更懂得經濟與金融市場。

房市不會穩漲或穩跌，而是在這經濟的循環裡面，我們必須學習利用這個過程來為自己造利。

為反對而反對是沒意義的。

全台約有8%的人是無殼蝸牛。

全港約有10%的人住在劏房。

前者有部分的人是抱持消極主義，並非買不起房，而是意識與觀念的問題。

後者則是完全無法負擔，卻必須有著高度需求。

在香港，抱怨房價太高是沒有意義的，若要滿足需求，只能生錢出來。

在台灣，這些人們認為會吵就有糖吃，反正有房可住，死不買房沒差。

台灣與香港，同時都是高地價政策，同時政府都無視也完全不干涉土地買賣上的市場自由機制，任由其飆漲也無所謂。

在香港，高地價所帶來的經濟效益會遠大於那些弱勢族群的需求，沒有辦法做出能滿足所有人的政策。

在台灣，高地價可以滿足持有人的私人利益，因為政治與不動產的連動關係是緊密不可分，呼應弱勢者的要求只是為了選票，掌權後再持續炒不動產，能真正關心這個循環議題的人與思想少之又少。

8%的謬論涵蓋著許多天馬行空與不切實際，跟現實脫鉤也不符合市場上的實際狀況。

甚至相當不理智，也缺乏思考邏輯。

謬論一：原物料根本沒漲過價，房價全是炒作而來。

謬論二：只要帶動大家不買房，房價就會下跌修正。

謬論三：薪水與工資都沒上漲，人事成本根本不高。

謬論四：認為政府稅金加太少，高稅才能抑制房價。

謬論五：少子問題與空屋率高，供過於求房價必跌。

謬論六：低薪資無法負擔房價，大部分人都買不起。

謬論七：銀行房貸總額年年增，借太多錢泡沫鐵破。

謬論八：經濟景氣差市場冷清，建案賣得好都假的。

謬論九：放大單一案例做概全，有一有二房市必跌。

謬論十：商圈撤店潮集市冷清，機能不再房價下修。

綜歸以上，一個結論：

「有錢人，想的跟你不一樣」。

窮者之所以恆窮，是因為思考觀念上的物以類聚。

富者之所以恆富，是因為貼近於在實戰上的專精。

假議題。

不動產空頭派的三大理由：

1.空屋率。

2.少子化。

3.投資客炒作。

這些主題自民國90年代開始興起，從早期的報章雜誌，在到商業採訪、電視節目、名嘴學者，講了十來年，繞來繞去，始終都還是在這些點上面做文章。

不同的只是年份與數據上的差別而已，也許他們都想著，「反正講著講著總有哪一天會發生吧？」。

不同的只是資訊與傳播工具越發達，觀眾就越容易被影響與操控。

那麼。

為何這些論點，都沒有在實際市場上發生呢？

為何這些推論，都沒有反應在房市售價上呢？

因為這些都只是紙上談兵，因為這些都是數據理論。

看著數字說故事，用自己沒有親身在第一線上過的邏輯來推敲。沒有走出門，沒有實地踏查了解，只用單純的想像空間來塑造自己的主張論點。

所以歷史與事實經過，應該可以告訴我們一個總結：這些都是假議題。

空屋率：

甚麼樣的房子才能定義成空屋？用點燈率就能證明嗎？

一個家庭持有複數資產，除了自住一戶外的其他算嗎？

包租公手上的資產，企業法人公司持有的資產，自己買來給家人親友住的資產，這些算嗎？

有統計過或者有辦法精算出確切的數據，來釐清國內到底有多少非自用的資產嗎？

在談空屋之前，能否先談不動產的用途呢？

在談空屋之前，可否先了解不動產的特性？

在談空屋之前，可知道有多少的置產比例？

少子化：

供需與少子化，似乎無法達成緊密的連結關係。

如果經濟結構開始進入M型化與菁英化，會賺錢跟有錢的人越來越有錢，懶得賺錢與不想存錢的人就越來越窮。那到底跟少子不少子有何關係？

上一代多子化，工作狀況與時空背景幾乎是比這一代還要更為艱苦，加上高額房貸利息，人人都是現金買房。

在那種狀況下還要人均扶養比現代人更多的孩子，說因為少子化而不能買房，實在有點牽強。

在過去的購屋痛苦指數應該比現在更高，不能用單以房價與收入來計算，應該要把各種家庭指數與環境背景狀況來一同論述。

在菁英的世界裡，獨子一人持有十間房產，與十個兄弟各持有一間房產，如此究竟與少子化有何干係？

在M型的另一頭，獨子一人死不買房，與十位兄弟個個也都死不買房子，如此究竟與少子化有啥關係？

投資客炒作：

這是事實，在每一個時空之中，都有很會找機會賺大錢的人，不動產永遠都會有那種縫隙可以讓人從中獲利。

如果你沒那種能耐，最後只能淪為散戶去支撐與承受市場行情，怎麼可能人人都買得到那種好康。

況且這些人們能夠擁有炒作或暴利的資格，多半是因為膽子與眼光，能夠入手便宜是買的有種，能夠炒了又炒是買的精巧。

一般自住需求客幾乎是很難有這樣的遠見與勇氣，如此怎麼又能夠把房價的責任怪罪於投資客身上呢？

前陣子有個直播主說台灣現在的房價應該合理在總價200～400萬之間，想想吧，如果真有這種價錢，你覺得你會搶贏投資客、建商、政客、政府嗎？

甚至連你自己都半夜借錢跑去掃貨來賺一手了，認清現實面吧，沒有人會有錢不賺的，會埋怨投資客的人多半是自己不懂或不敢或沒錢投資置產。

究竟假議題存在的理由為何？

到底在講這些議題的人，是否知道在歷史軌跡上並沒有發生過？

既然如此，為何這些論點年年都在說而且都還幾乎是同一批人？

到底這些充其量只是一個可以被討論的話題，還是能做為不動產市場的未來預告？

我們應該多去深思熟慮這些問題。

你們也應該更要去思考為什麼這麼容易就被這些假議題綁架。

更扯的是還可以被同一件事綁架十來年。

沒人知道市場確切的規模，大部分的人都會以自己的主觀方向來認定大家是怎麼想與決定的。

所以，會買房的人，他們的思考會是大家都偏購屋正向來做為自己的判斷。

不會買房的人，相對他們的思考就是大家都偏悲觀負面來做為自己的決定。

是誰造就了市場價格呢？

是買方？

是賣方？

邏輯是如此，今天是誰決定了雙B的價格與價值。

如果賣方定義了如此售價，但市場的需求方不買單時，那就不會成為今天的行情。

同理，今天一個區域的房市價格被定義是高，還是低。

其實都是由市場買方來決定的。

越透明的資訊來源，越方便的科技管道，造就房市行情的速度也就越快。

你想買，不代表人人都想買。

你不想買，不代表人人都不想買。

你看好，不代表人人都看好。

你不看好，不代表人人都不看好。

其實在市場面上，機制是個拔河繩上中心點的紅線。

兩端多方與空方在拉鋸較勁，力道大的那一方決定了機制結論偏向哪一方發展。

當你發現房價越來越高時，這時如果你是持反邊主義且堅持的人，必須跟你說聲抱歉，你正在跟市場的主面向在對立中，你正在以小搏大的對抗大鯨魚中。

同理反之。

你可以不認同、不接受、不理會市場所造就出來的事實。

但，這樣的房市結構卻不會理會你「個人」。

它要飆漲的時候，還會等你問你嗎？

比起市場的總量來看，你不過是數百萬人之一而已。

你的資金不過是數兆中的幾百幾千萬而已。

你的主張與你的看法影響力如同螳臂擋車。

如果你有把握此生都不會購屋或置產，那你何必關心此事？

既然會想了解房市相關的新聞或發展，代表你有某種需求。

既然有了欲望，跟市場對立並不會對自己有利。

多方的主張：房價就是會無條件的越來越貴。

空方的堅持：房價就是會無條件的下跌盤整。

但你知道嗎？

台灣50年來的歷史之中，不動產價格曲線的結論，總是越來越高。

即便中間歷經了多次股市萬點到崩盤，幾次的國際經濟危機，幾次的天災人禍，在時間洪流的過程之中，不動產的確沒有穩漲不跌。

可在長期置產的結論最後，卻是個只漲不賠單方向的事實。

換言之，你今天買了50萬／坪，也許幾年內會盤整，會下修，甚至因為不可預期的事情跌到20萬／坪好了。

但只要你不缺錢，你不恐慌，你無所謂。

最後的結論時間總是會告訴你他將是100萬/坪。

別說不可能。

想想看，每十年一個周期，你的幣值跌了多少？

你的薪水漲了多少？

你的開銷漲了多少？

不要跟市場對抗。

比較起來，你只是個小蝦米而已。

小蝦米能夠影響海流、影響水溫、影響鯨魚要游往哪邊去嗎？？

不能，但是你可以打嘴砲。

全世界有50％的財富掌握在1％的人手裡。

全中國有80％的財富掌握在2％的人手裡。

富者始終恆富，窮者始終恆窮。

錢不是絕對的，但卻能解決人們大部分的問題。

可以滿足各種欲望，各種物質上的需求。

可以創造理想夢想，實現人生上的藍圖。

也是大部分人們所工作打拼的主要目的與最後終點。

有錢，甚麼都不是問題。

沒錢，甚麼都是個難題。

在不動產這個充滿現實的環境裡面，有誰是不為利益在生存呢？

如果不是為了利益，又為何要進到這個圈子裡面呢？

所以這個行業充滿了許多形形色色的怪物，也充斥了許多光說不練的角色。當然，
消費者或買方，多數也是這麼的現實，畢竟人性就是如此。

經商，就是買賣，就是生意。

只要有買有賣，就會產生利益立場。

既然有這種立場，自然在老實的人也會變得現實。

富者，為何要施捨自己努力得來的結果給予窮者呢？

在富者或成就者的眼裡，金錢只是一個數字，已經不是一個奮鬥目標。

他們所比較的，是各方面成就的地位高度與人生里程碑。他們所看的，是層次圈，
是保護或擴張自己的帝國與領域，哪有閒時間去理會還在底層奮游的小魚們呢？

對富者而言，窮者沒資格去想那些有的沒的。

因為你連自己的生活都無力去支撐或改變了，到底有甚麼資格去喊著這世界對窮人們的不公不義呢？

窮者，很多人會抱怨命運或時不與我，也許真是如此。但大部分的富者都是實力派、武鬥派，奮苦拼命努力得來的，若單是繼承者或不勞而獲之富，也撐不了太久。

那些依賴著富者圈光環的人們，也不會是長久之勢。

窮者應該思考的是在這樣的世界與社會環境中，如何透過自己更紮實的努力、努力、不停的努力、沒有負面的努力，來爬上那種實力圈變成富者，才是生存之道。

沒有窮過的富，那不是富，是真窮。

沒有苦過的財，那不是財，是誘惑。

M型化是資本主義的結論，永遠沒有平衡，或是公平的那一天。

你可以怪罪自己的出身、運勢、背景、環境等等……

但你更可以去仔細觀察那些成功者背後到底犧牲了多少代價。

人們看見的通常都是表面上的榮耀，但不勞而獲，實不名歸，真有這麼容易嗎？

人的自律心是可以很恐怖的。

人的怠惰心也是非常恐怖的。

在平衡中間的那端，若你想進入M型化的實力圈中，請忘記你不平衡的心態，捨棄掉那種會時常產生羨慕與嫉妒的壞習慣，學習著只與過去的自己比較就好。

時間，永遠會給人們答案。

先苦後甘，先蹲後跳，甘之如飴的答案。

你永遠不知道眼前的人未來之後會是甚麼樣子，會成長到甚麼程度，會進展到甚麼結論。

當然也包含了眼前鏡中的自己。

少瞧不起人，也別瞧不起自己。

命運永遠不是貴人為你創造的，而是自己一步一腳印耕耘來的。

每個白手起家的成就者，都值得被尊重。

不是尊重你現在有多有錢有多富豪，而是佩服你曾經有著非凡人般那種不要命的努力與認真。

本作立場，既不偏賣方，也不偏向買方。

以一個路人甲的客觀及從業經驗，所述發出來的論點。

死多頭沒有邏輯可言。

死空頭沒有道理可循。

只有神，才能擁有死多頭或死空頭的言論資格。

凡人，就乖乖依循自己的能力辦事與判斷分析就可以了。那些很多打著不動產旗號在講著未來多空預判的斬釘截鐵，是把自己當成了神。

愚昧的信徒跟著偽神的崇拜，而令自己的未來事實困惑。看來可笑，卻又毫無辯論立基點。

很多時候也許都會有聽過業務員跟你的保證：以後一定會漲多少，會賺多少。甚至誇張點的還會講個穩賺兩倍三倍。

這種口頭上的承諾又能做多少的憑據呢？

業務的品格與信任又能值上多少金錢呢？

其實無論對房市是偏多思考還是偏空理論，都是在於自己要不要去針對現實來做一個平衡性的研究罷了。

學者之所以是學者，因為不是實戰派，只能從數據裡來做推論。

很多專家並不知道消費者的感受，買方市場的心態，賣方推案的苦衷，打打嘴砲，寫寫論文，這又能代表甚麼嗎？

每當看到某些知名公眾人物抓到特殊案例，就死打活打，講的好像要天崩地裂般的房市要大地震了。

就跟自己曾經被相關媒體邀述能否寫一個關於可以引導市場偏空向的文章，我客觀

的解述實際原因，媒體就作罷了。因為他們要的是狗血文章，不要這種貼近事實的分析。

沒錯，媒體要的是被關注度，任何名人所要發表的論點，都是為了要吸引焦點。

當市場期待空頭時，就來個殺頭新聞吧。

當市場瘋狂多頭時，就來個房價創新高。

不在市場的第一線，究竟有何資格來告訴大眾們應該怎麼做呢？

買房子的動機不需要要讓它複雜化。

不是所有的買方都是100分，當然也不是所有的賣方也都會是100分。

那我們要怎麼做才能順利購屋呢？

第一件事該問自己的需求，你真的有要買房的考量嗎？

有，那就看。不熟，就多看。看到喜歡的，買下去就對了。

第二件事就該自己多做些功課，而不是瞎聽親友媒體專家那些沒有根據的言論。

第三件事就看自己有沒有誠意跟願不願意信任你的賣方，信錯了可以埋怨，但這始終是自己的決定。

最後就是跟著自己的感覺走，做自己就對了。

任何人的意見，都不會為你的決定來負上責任。

你聽了好的建議因此賺錢，你會分他嗎？

你採取了建議但因此虧錢，他會賠你嗎？

別傻了，買房子永遠都是自己的事。

這世上沒有穩賺不賠，即便你是自住，這筆錢的付出也都是某種程度的投資，有沒有隨著時間越住越方便，那都是自己當初有沒有好眼光的證明。

當然也有人去選擇了地段或產品有問題的決定，因此之後各種有無形的損失，就該好好檢討一下自己到底當時做了多少的功課與研究，為何之前做錯了選擇。

還是因為盲從？

無謂的等待是沒意義的。

無謂的崇拜瞎挺更沒有意義。

我看過最蠢的就是十年前聽專家說房價會跌聽到現在還在等著跌，然後都沒買。

十年過去了，他還在力挺這個專家。

然後也買不起房了，只剩下嘴砲的功能。

也遇過清大教授來接待中心只是問看看你房價掉了沒，每年都要例行一遍來瞧瞧到底市場有沒有符合自己的論點，當然他至今現在名下無房產，住在清大宿舍已經30多年。

沒有房子的人，永遠都有唱衰的資格。

是的，因為你只剩下嘴砲的功能。

買方與賣方的立場
從來都不在
一個天秤上。

如果要實現居住正義，雙方立場就必須對等。

賣方不該既得利益，買方也不該既得利益。

這有多麼難才能實現的願景。

當你是買方時，總是希望仲介能幫你砍多低就多低。

當你是賣方時，總是希望仲介能幫你賣多高就多高。

賣方要賺錢，買方嫌貴了，賣方不賺錢，換買方佔便宜。

這種拔河總是有一方會得利，永遠不可能有平衡的那端，既然是種買賣，就不可能無私。

做生意不就是這樣子嗎？

雖然只是單純的自住用途，但總有一天人人都有會成為是賣方的過程，那麼你願意用當時你的買價甚至賠本來出售嗎？

不會，你也會以賣屋當時的行情來定價。

不斷在不停的循環下，透過時間累積，房價自然而然就會上升。

既然如此，又怎可能實現所謂的居住正義呢？

所以我的解讀是，每當人們提起不公不義的房價時，說穿了不過是自己對房價不認同與不接受的各種理由罷了。

舉個例好了。

若要賣方賠售給你，請問理由為何呢？

若要建商便宜給你，請問理由為何呢？

為什麼對方要賤價、要賠錢讓利給你？

一種真正的虧錢賠本而不是話術技巧。

為什麼？

只因為你的一句不認同房市行情嗎？

有甚麼具體的理由與證據呢？

不需要去預判各種大局問題，少子化、空屋率、國際黑天鵝、景氣、天災戰爭等等。

就單這一點就好，憑甚麼對方必須便宜於行情將房子出售給你？

對於那些打著正義口號的人們，請告訴自己除了賣方缺現金之外，有何理由需要讓自己的房子賤價求售呢？

換做是你，你願意賠錢賣給我嗎？

所以在實戰上，不乏的例子是：「我覺得你這房子只值20萬一坪，應該要算我這個價錢。」

雖然我內心的OS總是：「你誰阿？」

但我的回應還是：「如果你找得出一間同級產品可以20萬買到，我加價跟你買讓你現賺，有幾戶掃幾戶。」

也許潑了些冷水，但可以讓你清醒一點。

每種產品與消費品都有其價錢上的基準面，每個人都可以有嫌貴的理由與權利，但任何賣方其實都沒有義務要殺頭出售給買方。

除非你自己也願意賠錢給別人，你能無私嗎？

你能忽略掉資產上的利益嗎？

居住正義永遠都是個假議題，學者所提出的各種理論也許是真實數據，但沒有一個準則能證實未來就如同其預判的結論來發生。

為什麼呢？

因為學者不是實戰家，學者是看數字說故事的。學者不是企業家，也不是經濟運作中的大齒輪，談述的是理論上的東西，可以參考，但並非聖旨。

所以往往商界大老的幾句話總是能抵擋過學者的萬字論文。

回歸老話一句，房價不是你我說得算。

我說得漲或跌，不足為懼，也不足為訓。

你說得跌或漲，不足為信，也不足掛齒。

那最簡單的做法：

人家買我就跟著買，大咖賣我就跟著賣。

賣得好的地方我就想辦法提早進場。

賣不好的地方我就多警惕趨之若鶩。

地段好的地方我就多多插旗置產化。

投資客青睞的地方我就跟在屁股跑。

順勢，不要跟市場做對立面。

平常心，不貪不坳，不撐不衝。

自己有多少資金做多少事，只要不過度槓桿化。

你房價買得高，代表有人會買得比你更高。

你房價買得低，並不見得是真的撿到便宜。

你可以嫌貴，但便宜沒好貨。

真便宜，你能馬上出手嗎？

如果不能，其實連嫌貴的資格都沒有。

不動產，總是配合著市場在運轉，當你覺得買房越來越難做決定時，當你的考慮期越來越長時。

也就意味著其實我們這個行業，就越難賺。

時機點也造就不同的客層，在業績難為的時候，我們也總是在接待客戶與銷售的過程中來磨練經驗。

同時有時也在幻想著甚麼時候過去的榮景會再來？

那種10分鐘可以賣個幾千萬的爽度，還是一組客戶跟你買了幾個億，又或是數不清的大肉粽。

現在不熬個幾天，不追個幾周，不纏個幾個月，也不見得會成交，而且即便如此，業績總價金額也許才幾百萬爾爾。

老一代可能司空見慣，畢竟景氣是不斷的循環，有上也有下。中生代可能是頭一兩次面臨到這樣的環境尚不習慣，新生代還在懵懵懂懂的摸石子過河。

其實也不能完全怪罪於不斷在變化的世界與買方，應該各行各業也都有著錢難賺的心酸感，雞犬升不了天，生活該怎麼過，工作該怎麼拼。

人也是這樣子的。

錢好賺時，誰要看甚麼勵志鬼文章。

收入多時，誰管成功人士講些甚麼。

經濟好時，何必要追甚麼小確幸呢。

回想起來，市場在熱的時候，還真沒甚麼人要看小坪數，總價也不是甚麼太大的問題，當然也沒啥建商願意要蓋小房子建案。

而現今的看屋量，反比過去多上幾倍，但成交率卻下滑了更多。以數據來看，103年之前表現好的成交率超過20％的大有人在，表現普通的也有10％出頭。

而現在，表現好的不過15％左右，而且很少。成交率在8-12％的，就已算是很穩定，甚至有的更在5％以下。

而看房子的總來人數，卻比過去可以高上幾倍，這又是為何？

因為剛性需求，因為低總價首購。

因為客層更低了，因為時機讓很多原本門檻不高的人們可以出來看房子了。

但看，不見得要買吧？

看看，我也可以不只看你一家吧？

既然不見得要買，也可以不只看你一家，但我也不需要一定要今年做決定是吧？

所以就變成了這種結論：

1.甚麼都看。

2.甚麼都不買。

3.看了很久。

4.案子賣完了又推好幾個新案子又過了幾年還在看。

然而因應土地越趨稀少，推案量不斷創新高，而這類型的客層重疊比例就越來越高。

可能同時段的建案，相同的客戶名單比例可以高達7成以上的重覆率。

雖然在新竹這麼小的區域這種事很常見，但跟過去比起來最主要的分野是：

時機好時買房子買來買去的都是這些人。

景氣差時看房子看來看去的還是那些人。

但前後兩者是完全撤底極端不同的這些人與那些人。

很有趣，做為一個名單操作手而言，從幕後看到來來去去有需求的消費者，講實在的很想幫忙一把。

看房子真的很累阿。

買房子真的很爽阿。

幹嘛要把自己逼到那種很累又不爽的窘境呢？

在不動產的食物鏈之中，地主先吃皮、建商在吃肉、代銷喝湯、最後仲介啃骨頭。
這樣的賺錢順序是永不變的。

當然市場行情的接觸順序也是如此，地主會考量新房子的行情來看土地應該賣多少、在來建商也會根據新屋行情來考慮是否購買土地、最後代銷在以市場售價來評估自己能否承銷。

以上三者，都是根據第一線的買賣來衡量是否能做生意，沒有任何一項是看「中古屋行情」。

而仲介算是一個獨立出來的單位，因為仲介看的是第二線市場來進行業務工作。

鮮少仲介會瞭解第一線的狀況，這是很正常的。

一方面中古市場範圍比較廣大，也因產品特性太過複雜多元，根本不會有所謂的統一行情，勉強只有同社區或同性質的物件可能可以做個比較。在加上車位計算單價與有無裝潢電器或其他等等細節因素，實在無法做為賣方第一線的參考工具。

市場，除了價，還有量。

每一個區域所涵蓋的範圍還有客層屬性，買賣特性或習慣等等，當然每一個消費者也都會接觸中古買賣的可能性，畢竟當你要換屋時，多半也會請仲介服務。

也可以這樣講：

跟房子有關的大小事，一定會經過建商或賣方與仲介。

所以，只要有買房的需求，你一定會讓建商或代銷賺到錢，也一定會讓仲介賺到錢。在這點上面，很多時候你買的是服務不見得單純只是產品，若有那種不想讓人賺錢的心態，最終自己還是會吃虧的。

只是根據這樣的順序，當房子成為中古屋的時候，行情就是第二線而非第一線了。

那有何差別呢？

每個不同的景氣環境，研判分析新屋市場的價與量是建商跟代銷的基本工作。當然中古市場的價與量，也是很重要的參考研究關鍵，但並不是第一線最主要的工作。瞭解中古屋是為了更完善清楚市場的變化與事實比對。

可如果要以中古市場的價與量要來往食物鏈上層做生意，那可就是場悲劇。接不到案子正常，接到案子賠一屁股也不意外。

不動產，放越久價錢越高是事實。

中古屋在每一個不同時空下，都一定會比新建案來得便宜，為何呢？

1. 中古屋比的是屋齡，就算在怎麼比新房子低價，也永遠比當初取得的成本高，剩下的只是折舊空間。

2. 中古行情會被旁邊新案價格拉抬沒錯，但不可能有同比例的增值空間，除非特殊案例。

3. 除了房子本身價值的折舊外，增值比例也會被折舊。黃金換屋期的屋齡是在5-8年。

4. 中古屋增值的並非在於房屋本身，而是在於土地上，即便是持分也一樣。假使10年屋齡的大樓，把你現今的中古售價行情價位扣除掉當年的營造成本後在回算土地，你會發現，其實跟旁邊的空地價格差不多。

所以新建案的行情攀高，主要在於土地成本的劇烈增加，再者也因為經濟環境影響的基本造價也越來越高的關係。

城市發展的循環都是這樣：

重劃或一整片荒地→新案子幾乎蓋滿→新房子變中古屋→都市更新或剩餘的土地變天價→還有能推出的新建案更貴→當年的中古屋如今又更高價了。

所以不要期待新建案會跟中古屋差不多價錢，差多了。

所以不要用中古行情來評估新建案行情價錢，差多了。

所以不要遐想你家隔壁的剩餘空地不會太貴，差多了。

所以不要以為中古屋會有同等新房的增值率，差多了。

房價越來越高，是肯定的。

中古屋價錢越來越貴，也是肯定的。

市場機制決定各種不同需求的買方能接受甚麼程度的行情，並非你我的主觀說的算。

新竹購屋者，多半喜新厭舊。

如果沒有預算與收入或特殊的考量，有誰會以中古屋做首選呢？

如果自己擁有選擇權，誰會想住舊房子或別人住過的屋子呢？

除非，我想要的區域地點沒有半個或沒有符合我需求的新建案。

說來奇怪，不動產的歷史之中，從未有紅單轉讓賺價差的例子，甚至連預售換約轉賣也很少見。

所以在預售二手買賣的業務，都不會是仲介的主要收入源，一來沒做過，二來不會做，三來不好做。

但在金融風暴後的一年，這個現象出籠了，且瘋狂的持續兩三年。甚至到現況還升級了幾種現象。

這種交易，也是新竹獨有的市場特性，也不是說其他城市完全沒有，只是新竹買方對此交易具有一定的黏著度與影響力。

紅單交易：與賣方付下訂金，俗稱小訂，可以退。然後會開給你一張預約單，外界稱紅單。而買方就可以此做轉讓兜售，當然有許多所謂的買方，是由其他人頭代表出面處理。

而在最瘋狂的時間點，一張紅單可以轉讓到20-30萬（戶）的現金收入（免稅），那麼下一手的買方既然已付出接手代價，自然不會退戶。

預售換約：與賣方簽好合約並已完成交易，且付清簽約金，而買方可以透過仲介或自售來賣出此本合約權利，而銷售難度在於合約書上的價錢是不得變動的，所以下一手買方必須心甘情願的接受給原買方賺多少價差。

但在景氣夯的時候，根本沒人在介意這種小事。

甚至一戶合約被讓渡十來次的都有。

帶團購屋：現今網路資訊盛行，許多兼差者或部落客寫手會以此來做線上組團來看屋，當然帶團者不負責銷售過程，只會引導大家說此案是多好又多好。

投機團：在過去新竹曾有4個最知名的炒房團，其組織包含各行業，有竹科、金融、

傳產、家管、仲介、甚至公務員等等..他們會有幾個帶頭負責出面開發與委任代表，來專職幫大家的屬意標的來提前掃貨，簡言之就是在市場上買空賣空的第一層食物鏈。

而收入呢？

在民國100年初至101年，這是投資客與投機客最囂張的時候，甚至許多自住客也經不起誘惑間接轉為大投客。

在這段時間裡，一間總價1000萬的三房，短短一年半交屋前出售就能增值超過200萬的價差，甚至超過300萬的都有。店面的增值更是高達8位數的上下價差。

而且相當好賣，市場流通率非常快速。

而這循環就是這樣跑：

A. 投機團來找賣方（建商或代銷）拿貨，再來做案前戶別分配的私人說明會，大家談妥一戶多少價格的代價給代表人做服務費，行情大約10-20萬（戶）。若順利代表人可以馬上為投機人來轉售，以紅單模式大約拉個20-30萬（戶），這時再跟代表人拆帳。

　　那麼投報率就是投資人出10萬賺10-15萬（現金）（戶）。

　　投資團代表人是10-15萬（現金）（戶）。

B. 承上，但並非以紅單來出售。因某些產品具有高度競爭力希望利潤拉得更高。就以換約做目標。當然通路還是以代表人來做為仲人管道，服務費會在4-6％。

C. 投機人或團，自籌資金直接大量與賣方包下戶別，現金有限的就以紅單方式來吃，現金龐大的就以換約來吃。簡言之省下尋找投機人的過程與成本，把中間收益最大化的轉為自己收入。

D. 帶團看屋賺的是賣方的介紹費，但願意給高額成交介紹費的賣方有限，市場大部分的介紹費可能對於仲人來說是有點少。所以通常帶大團的都是大案子居多。

　　而介紹費可以拿到1％（成交價）的也都有。

　　少一點的則是低總價產品1-3萬（戶），高總價產品2-5萬（戶）。

E.仲介的預售屋：有少數建商會在案前委託仲介做潛銷，而仲介賺取的是買方20-30萬（戶）的服務費，而後在與賣方請款1-2%（戶）的服務費。但對於仲介來講可以省去很多一般中古屋的介紹與交易過程，快速又輕鬆方便。

所以仲介對於熱門的預售換約案件是很有高度興趣的，至於那些沒啥熱度的建案，委託都是簽爽簽開發量的，完全不會幫你上廣告，因為不划算。

一般而論，二手預售屋的服務費通常都很少。所以很難可以激起仲介的動力。反而直接跟賣方配合的還比較好賺一點。

但仲介畢竟不是代銷，所承攬銷售與包裝產品的專業程度令人咋舌。但沒辦法，新竹特色就是如此，甚至還能創造出誇張的成績呢。

不過呢，這些都是過去事了。

現階段這些曾經帶團的人們也轉行了，有些人也消失了。

畢竟這些都只是景氣財，並不是專業收入。

現在也只有少數仲介跟幾個財大氣粗的超級大投客還在這樣的市場奮鬥著，持續周轉財富收入的也是大有人在。

紅單市場越熱絡，除了買氣越旺之外，其實也是快速把價格撐高的最佳推手。

我們都知道，建案要銷得快，必須得看投資客的購買成數佔比，若沒有投資客願意進場的個案，銷售期必定比較長。

所以在市場價錢上最後的吸收者，是剛性需求的自住客，相對地假若價錢撐不住時，也就代表自住客不買單。

但價錢如果能站上所謂的行情指標線，也就代表著自住客市場買方能共同承認與接受這樣的房價。

那麼紅單如何快速堆高價格呢？

1.投資客賣投資客，後手購買動機也是為了賺價差，而且認為還有不少空間，轉越多手，也就越被墊高了多少房價，這也是買空賣空最經典的因素。通常若受到景氣或政策衝擊後就會有所收斂，而最終的市場行情就得看最後一手的投資客們能有多少

資金來撐著等待時間回穩了。

2.建設方會透過這些紅單來試水溫，畢竟若能如此銷去一定的成數，這些是沒有廣告與銷售成本的，既然能這麼輕鬆的創造業績，自然正式開案後就會以更高的價錢來公開銷售。若水溫試了結論不符預期，建商也沒甚麼損失風險，但成功了，就能多賣個1-2萬一坪。

換言之，預購成績越好，正式開案後多半會較貴。

預購成績不好，正式開案後就不會有太多價錢變數。

3.單純的投資客被放大了胃口，貪心地讓自己現金槓桿最大化，一般預售屋訂金加簽約金大多總價的10%，可這些人們嚐到甜頭後就把槓桿放大10倍，有1000萬就去買十間預售屋，只付到簽約金就開始出售換約，爾後的開工款及工程款，就拖賴到底，而如此也是創造出搶市與瘋狂掃貨的主因之一，自然行情水漲船高。

而這些人們不乏原本只是單純的自住買方，因直接或間接輕鬆地賺了大錢，開始涉入研究轉成一種投機客。

其實這些都是市場過熱的投機財富，並非不動產真正的增值原因。

當不動產淪落成為一種炒作的工具，那是一種悲哀，在這樣群體效應的環境下，不買房子跟沒買房子似乎就是笨蛋，也會被笑成是笨蛋。因為隨便買，隨便賺。

為何而買，產品有何優勢，甚至房內建材與格局一概不知。人家問你為什麼買，回答總是：別人叫我買我就買了呀！

完全沒有動機，完全沒有需求。

在那段瘋狂的時間點，買越多賺越多，只買一戶的是傻子，不買房子的是蠢蛋，猶豫不決的才是盤子。

但不動產真正的增值因素之一，是來自於貨幣貶值。透過時間、景氣、環境、利息、經濟、觀念，來產生出每個時代分水嶺的貨幣價值都不同，而趨於錢幣越來越不值錢的過程，房價就越高。

另外的因素在於投資環境，不動產不在只是單純的剛性自住，而是存錢與生財的工具。

最後的因素在於城市進步，隨著時間不斷成長與便利的生活環境，讓不動產的條件越來越好，黃金地點越來越稀有，產生市場供需原則的概念自然增值。

以上這些原因，沒有一項是不需要「時間」。

不動產不是股票，不會爆漲爆跌。

虛漲是假，緩漲是真。

崩跌是假，緩跌是真。

所有短期內快速堆疊起來的行情，都是風險，因為你不知道自己是不是景氣轉換過程中的最後一手。

但若經由時間所累積起來的行情，是事實，你不買，就永遠要承擔未來越來越高的代價去買一樣的東西。

對建商來講，這是一個夢想的交易模式。

最好賣房子就像飲料販賣機般那樣簡單不囉嗦，也不用透過業務銷售單位。要買哪戶，甚麼價錢，直接透明化的自行投幣選取就好，甚至連服務解說人員等人事開銷都可以省去。

可這真能成功嗎？

買方通常都抱持著對交易上有諸多的問題與考量，也有許多的質疑與不信任或不安。

假使這麼大筆金錢的買賣，是不二價或沒有議價空間的，那麼就很難令人會有購買欲。如果沒有專業單位的服務，也很難去瞭解買方的各種狀況來做產品上的促銷，或者為其解決購屋相關問題等等……

現今不二價的銷售策略，除非有很強大的品牌力，否則幾乎很難令消費者取信。

每個人都想買便宜，每個人都想買得比別人便宜，每個人都想買得是整棟社區最便宜的。

若不二價，就代表沒有人可以期待這樣的空間，又怎能勾起客戶想談價格的衝動呢？

若不二價，也表示必須讓買方可以很客觀的認同了解絕對不會有人買貴，只是大家都一樣。那麼有人會採信嗎？連實價登錄都不信了對吧。

所以價格策略，是這行業最高的藝術。

搭配不同的業務銷售模式，通常能組合出不同的效果，但無論如何，都是要設計出一套讓客戶「感覺優惠」、「感覺划算」的氛圍，這樣才能盡量促成交易順利。

但不二價，就完全失去了這層意義。

有點像是：就這個價，你要買就買，不買就算。

這樣不就完全失去了辛苦介紹的意義了嗎？

也浪費了業務努力要讓客戶喜歡產品的辛勞了。

價錢，一直以來都是要把球踢進網的最後一關，對於這個行業而言，能令客戶喜歡只是第一個關卡，而後讓客戶買單才是最重要也最為關鍵的能力，統稱為締結。

很多業務因為這方面的能力不夠，或者不會，導致很逃避在議價過程中的投入，總想著：我介紹完了，他會不會因為產品很不錯就買呢？

「錯了，如果只因此就成交，那是運氣與產品力。不是因為你的業務能力。」

所以從另個層面來講，使用不二價的策略也意味著自己主動放棄了「締結」這個過程，在一般沒有具備品牌力或產品力等天生條件的個案，成交率會低非常多。

然而從消費者的立場來看待，我想很少人會願意用一口價來買個幾百幾千萬的需求品。

因為打個折數，就能差個十幾來萬甚至到離開價差距幾百萬的價錢，雖然都是賣方的數字遊戲，但最終給你的觀感還是能省下不少的金額。

不二價，就完全是0。

你會買得爽嗎？

房市的資金盤，由三大集團在掌控著市場

1.建設公司。

2.投資客。

3.銀行。

如果房價要降，影響最大的可能性是來自於金融與景氣或天災上的衝擊。產生市場恐慌以及供需嚴重失衡，才會有可能會發生令行情急速下降的狀況。

如果這三者的現金都足以在沒有收入的狀況下支撐住利息，那麼最後比得是誰的周轉金較為雄厚。

然而撐不住的一方，就會降價求售換現金。

假若撐不住的是兩方，就會產生惡性競爭的脫現。

假若撐不住的是三方，房市就會崩盤。

所以消費者所期待的房價下修，基本上在穩定的發展時局之中是不太可能會發生的，就算有，那也幾乎是特例或區域案例，能期待的空間也相當有限。

建設公司：的利息在於土建融的槓桿運作，所推行的建案收入會有一部分用於還款及持續性借貸。

投資客：的利息在於投資微量到巨量的房產或土地，而留在手上的貸款利息支出大於自己本身的收入，打破槓桿平衡時，就會急於求售。

銀行：所放款出去的利息因景氣衝擊產生呆帳比例急速提高，當無法回收之時就會產生大量法拍屋或其他方式來變現抵押產品，此時若銀行在投資槓桿失衡的狀態下也會以變現的方式來彌補放款損失。

所以整體的市場如同經濟金流般的循環，你借我錢，我還你錢。你還我錢，我再借

你錢。

我利用支出的利息來賺多過於此的錢。

我利用收入的利息來賺更多於此的錢。

而當政策，金融，景氣各種利空不斷可能造成房市低迷的狀態下，多半都會採取保守以及清庫存的方式來勉強支撐以求共體時艱，而這方式通常都能透過時間來化險為夷。

在不動產的歷史之中，通常十年一轉的重新洗牌都會有類似黑天鵝事件，先產生市場上的過度恐慌，而後在慢慢回升復甦，在這過程中自然會讓大部分的人受傷與損失，但同時也能讓整個市場可以更建全的再發展。

所以不需要因噎廢食，因為如果沒有槓桿的問題，基本上撐到底的人還是贏家。所下跌之後的價格，透過時間有很高的比例會在增值過下跌前的行情。

「期待房價下跌是完全的不切實際」

大概跟天天做夢中樂透差不多吧。

我覺得如果SwEy願意的話，他會是全台最有效的個案代言人，一個死空頭的名嘴都願意為建案背書，那也沒有甚麼抗性好拒絕了。

但他不會願意，愛惜自己羽毛的鷹派，是為了走更長遠的收入，自從他進入這個領域之中已數年了，消費者可能還不知道他們所賺的錢，就是你的無知盲從與懦弱。

「盡信書不如無書」。

這句話是許多人奉行許久的至理名言。這是因為，書上寫的通則不見得適用於每一個人，書本的內容或陳述不見得經過仔細的考據而與事實有出入，或者作者推論的邏輯不一定經得起反覆的驗証。所以，孔子很有遠見地說過：「多聞闕疑，慎言其餘，則寡尤。」，建議對於被傳播的消息或知識，應有合理的懷疑，經過仔細的考証加上細膩的思省之後，消化得了的知識才是真知識，而能夠思考判斷的才是真智慧。

同理，也該用在資訊爆炸的現代生活之中，臉書上、網路上、媒體上。很多代表著某方主觀言論的邏輯，不見得同為事實，但跟在其後的支持者卻奉為圭臬。在我眼裡，這些人跟迷信於宗教或帶有顏色的狂熱信眾沒啥差別。

其實這些都是極為高端的業務手段。

真正無利奉獻者，在社會上實為少數，既然有著既定利益的目標，那論點就不可能中立。

也許消費者會時常怪罪於賣方欺騙了他們，可卻少有認為這些公眾人物之嘴在欺騙他們。至於騙了甚麼，騙了觀眾對於狗血議題的好奇與以偏概全的定論洗腦了群眾。

在資本市場的世界之中，凡事都有其正反可能性。

既然房價不可能漲到底，當然更不可能降到底。

如果都帶著那少數例子來影響整鍋粥，其實最後受害的還是迷信到底的群眾們。

名嘴≠專業

學者≠市場

生病要看的是醫生不是神佛像。

沒錢要做的是努力不是拜財神。

無知要做的是充實不是跟名嘴。

行情永遠不是你或我說得算，所有的崇拜信仰與資訊，都是抱持客觀的態度來做參考，卻不能是「盡信」，這樣你就迷信了。

名嘴永遠不會為你的各種盈虧負責。

如同老師不會為你的身體健康負責。

同理，股票會賺錢的絕對都不是那些跟老師的人。

同理，房產會賺錢的絕對都不是那些聽名嘴的人。

同理，身體會健康的絕對都不是那些拜神佛的人。

用點燈率來看空屋量是種外行跟愚蠢。

財政部統計，台灣平均每人持有1.69筆房產。

在經濟環境的變遷下，這數字是隨時間不斷增加的。

說明了通貨膨脹，與低利率率會刺激不動產轉型成是種主流的「存錢」工具。

即便房子放著不住不租，也能安全保值或增值。

消費者很喜歡用空屋率來解讀房市，但真正市場的供需，一般民眾是看不到的，願意花時間做這種功課的人畢竟少數。

少子化或許是一種剛性需求疲乏的未來問題。

但擁房已經不在是單純自住而已。

人人都會有機會在名下有複數的不動產。

甚至一個家庭的總資產數量有很高的比例是超過兩間以上。

如此，你又該如何解釋空屋呢？

一個家庭住一間屋子，那名下的其他房子呢？

一個人也頂多只住一間屋子，那其他房子呢？

所以空屋率不是一個拒絕買房的理由。

試做一個簡單的數據：

竹北，在發展的15年內總共推行了46000戶大樓住家。

大大小小共447棟集合式住宅建築。

至今仍空屋未出售戶數約近2000戶。

以此比例來計，竹北15年空屋率是4.3％。

「4.3％」這數字應該會讓很多消費者不敢相信，但這就是數據事實，如果仔細研究

市場，你會發現根本沒有這麼悲觀。

而在竹北的這4.3％之中。有70％以上全都超過60坪以上的產品。

換句話說，這邊是豪宅天堂，如果想買到這種等級，竹北有非常多的選擇性。是供過於求。

但若一般需求的產品，是供不應求。

因為這在15年內，幾乎沒有介於20～50的坪數是賣不掉還空著的。

以上的數字，還包含著正在銷售中的預售屋。

以上的數字，並不包含時間過程中不斷轉手的需求。

「房子是座不會動的錢包，不僅只於住！」

參/買方觀念

消費與購屋者
應持有的思考

為什麼很多人會認為購屋前需要看風水、緣份、或是其他人的意見？

其實別無所有，就是「信心」不足。

對市場的買方與賣方而言，信心也是極其重要的因素。

當環境影響致雙方都沒信心時，就會產生極端的冷清。

但若買方信心逐漸回穩時，就是市場景氣落底的表徵。

而如果是賣方信心大增時，也代表著市場非常的熱絡。

回歸到個人看屋時的抉擇，許多消費者對於自己眼前有所感動或喜愛的產品時，最後的臨門一腳也是信心。

身為業務第一線的任務，最關鍵的工作也是為買方建立起強大信心。那麼客戶最後為何會有那些多餘的行為動機，說穿了不過就是想從各方面得到些安心的解答罷了。

看風水的，總是想取得符合自己一切的結論，不管是無形神佛祖宗的認同，還是各種老師的語言框架，就是想從此去建設那種可以安慰自己的肯定感。

看緣份的，這是個相當荒謬的理由與藉口，大部分的人都是因為價錢無法達到自己的預期，就會丟出這樣的一句話。事實上不去積極的爭取，還是有太多自己的固執，那一輩子都不會有緣份。

看他人的，無論是問親朋好友，還是同事。充其量都只是想從別人的嘴巴得到認同與肯定。

如同你嫁了個好老公大家都羨慕你一樣，人性就是如此，誰又能可以完全把旁人的意見視若無睹呢？

每個人都希望自己買的房子是大家都稱讚誇許的，每個人也都希望自己入手的價格

是讓大家都倍感羨煞的。

其實每個人對於購屋都有著各個不同的想法與看法，思考模式與個性也都不同，但真的不用思考這麼多。

想想你在選擇自己伴侶的時候，想想你在論及婚嫁的時候。

請問你會先帶自己所喜愛的人先去找神佛祖宗確認嗎？

你會帶著他去給各種老師算盡契合嗎？

你會因為一些不如己願就歸責無緣嗎？

你會因親友們的說三道四就悔嫁娶嗎？

同理，買房子始終都是自己的事，其他任何人都無法為你的決定負責，所以有必要因為信心的不足而找尋這些沒有意義的認同感嗎？

買氣是這樣子的，當你喜歡的房子很搶手，考慮的時間很短之時，通常你根本沒有那個機會在想東想西的。

當大家都充滿著不買房不行或非買不可的信心氛圍之中，誰又會有那個美國時間在找尋自己想聽的答案呢？

「客觀一點，無論時機好壞，自住的需求者都不用隨他人起舞才是，滿足了自己想要的條件，喜歡，下手就對了。」

講了那麼多次信心。

其實這也只是很簡單的心理素質，堅持自己的感覺與眼光，忽略他人的嘴巴，就是要得到那個自己的最愛，這樣就夠了。

信心本就該是自己去建立，信心有時存在於那個買與賣的衝動之中，信心就是非要不可，信心就是絕不後悔。

很多首購的買方，往往被玲瑯滿目的各個建案所困惑到底哪一個好。

人人都會說，多看一點貨比三家不吃虧，結果越看越灰。

人人也會說，看了喜歡就買一買別比了，但又想找最好。

其實不動產的世界裡是沒有完美的。

「沒有所謂的最好」。

房地產就是幾個單位的組合，空間、價格、貸款，而每個建案也是幾種元素的組合，地點、規劃、建材。

其它的條件應該不需要浪費你太多時間去權衡。

例如：

首先你的預算有多少，在沒有自己確切可承受範圍的自備、負擔之前，其實你並沒有太多資格嫌貴或便宜。

在來就是地點，這是最直接也是最重要的需求目的，如果沒有過濾好自己與家人們所可以接納的地段，到處看來看去是很沒意義的。

雖然很多人會把看屋當成是種休閒、消遣、或打發時間。

但請記得審慎好購屋選擇前先決定好自己要的生活地段。

最後就是空間與規劃，這是你們要長期居住的地方，關於格局、房數、面積、採光、通風、公設，必須是一個符合自己與家人生活一切相關照的習慣。

聽別人意見是沒所謂的，房子又不是要給他們住。

每一個人每一個家庭的個性、習慣、觀念、文化，都是不同的，當然也因此衍伸出對於這些建築上的需求是大相逕庭。

這樣結論下來，你就會知道甚麼樣的產品會是你們要的。

看屋很累,市場滿滿遍地的建案,如果不過濾或不想做功課,等你全部看完的時候。

不是賣完就是行情又上來了,若非專業人士,通常一般人都會因看得越多越加迷惘,以致更難決定與判斷選擇。

證據就在於你會尋找很多外在的意見跟網路爬文。

請記住你看屋時最初衷的動機。

住,需求,有家庭,找一個適合的空間。

你的動機不是市場調查,你的動機不是逛接待中心遛小孩,你的動機不是在審查與評價建案。

照著上述的邏輯:

抓出預算與自己能否負擔的貸款額度。

圈選出需求順序的地點範圍慢慢過濾。

挑一個符合家人生活習慣的空間格局。

都達成這些條件的時候,不用再考慮,買下去就對了。

自己要住的,不用想太多。

甚麼以後要賣,甚麼公設怎樣,甚麼戶數太多太少,甚麼建材太爛,甚麼品牌很不好。

其實都不關你的事,為什麼呢。

只要你有足夠的預算,這些都是可以事後改變的。

相對如果你有這預算,你也不會去在乎這些東西。

換言之,假設只有買國產車的代步需求,只有買基本配備的資金,就不要要求有進口車的等級,也不要去幻想可以擁有頂級配備。

先求有,再求好,是所有人在購屋上的必經之路。

沒「有」,去求好是本末倒置的愚蠢與浪費時間。

這樣才是有效率挑房邏輯。

在市場的第一線，代銷。

我們推案的時候最怕幾種麻煩：

天災，選舉，重大政策。

每當遇上無可預期的颱風天，都會令代銷感到憂煩。

一來擔心硬體財產損失，二來影響生意，我們也是需要周周月月的營業額，少了颱風季的幾個周末，也變相少了許多成交機會，若運氣不好而造成接待中心的破壞，又會增加額外的維修成本。

再則大選，在台灣的歷史以來，每次選舉都會令民眾為之瘋狂，將所有的專注力都投入在這種慶典盛事上。

原本購屋或投資置產的計畫打算也會因此成為了一種不穩定的動機，尤其是每四年一次的總統大選。

而牽動於所預期勝選人背後的黨派顏色或其相關的主導經濟風格，都會與不動產跟市場深深牽連住。

最後是與房市或貸款稅制等等有關的重大政策實施。

近年來幾則影響嚴重市場的幾項決策：

容積獎勵上限下調、單樓層高度限制、房地合一稅、實價登錄。

當然如果是範圍更大或打擊干涉越重的規定，就會令賣方市場萎縮速度加劇，生存不易。

在代銷的世界中，我們盡可能的要降低推案風險，都會把開新案或廣告強打的檔期避開大選前三個月。

而事實上的確在這段尷尬的時間裡，整體來客量都會下降，除非選情一片熱絡看

好。

而這也是一種在社會大眾與消費者們的信心指數。

當選勢普遍認為對後市經濟看多，甚至有助於不動產相關的各項利多，則會有些買方會主動並積極提早布局。

反之若如果是在中間與偏下看空的選情，市場大多都會持觀望態度，不會貿然進場。

期待房價走跌的人，會希望新政局可以帶來有感打擊。

希望房價走高的人，會期待新政府可以帶來經濟刺激。

在不動產的歷史之中，建設方多半都是藍軍，雖然在銷售過程與對客戶之間我們都會避免政治話題與立場。

但業內大家心裡都有數，不動產業的源頭都以經濟與生意面為主導向來看待選舉，所以對另一色的政黨掌權就持保守面對。

這個文化與習慣，其實也很難改變，畢竟人們對於環境信心這件事情是非常主觀定義的，例如：

曾經有個客戶在大選前一天訂房，而開票後就馬上來退，因為不是他屬意的對象選上了，當時也剛好是個景氣暴發前房價基期還低的時候。

而退戶的理由卻是他覺得台灣完了，買房子一定會怎麼樣的如失心瘋般極度悲觀，可在事實的最後證明，他可是因為這個決定而損失大了，同時沉澱了數年後談及往事，不僅後悔還認為當時的自己相當愚蠢。

當然也有很多期待落空的案例。

信心，是很恐怖的一件事。

它可以令人有動力、衝勁、熱忱或者強烈肯定。

它也能讓人很喪志、絕望、心灰或者憂鬱困惑。

而台灣的選舉，也常常會令人產生了極大的主觀見解而令其各項事宜失去了專業判斷。

為了支持而支持，為了反對而反對，這都不會對事情有幫助。

為什麼呢？

因為買房子是你自己的事，不是政府的責任。

誰選上誰沒選上，到底關你買房自住甚麼事呢？

而整個國家運作，也不會因一人之力而有很極端的變革影響，頂多就是先盤後整還是先整後盤的差別而已。

不動產、房市，這都是專業領域的內容。

選舉歸選舉，買房歸買房，賣房歸賣房。

因誰選上，就會多打幾折嗎？不會。

因誰選上，就會多賺幾折嗎？不會。

信心總是會隨時間回穩，也會隨時間而平淡。

同理，不要因選舉失去了家人、好友、人際，也不要因選舉失去了自己，失去了自己的思考、需求、甚至是做人處事的態度，與職業精神。

選完後的生活與世界，跟選前是一模一樣的。

切記，選完後的房市，跟選前是一模一樣的。

一日，客戶問我對於建案A的想法與觀點。

秉持不推薦的原則，以客觀的角度給予優缺點分析，加上足夠佐證的資料做輔助。

二日，這客戶又再問我另外一個不同地點的建案B。

秉持職業心，雖然與他沒有過任何的買賣關係或中間的各種利益，我還是耐心的給予答覆。

三日，這客戶又再次問了我也是不同地點與產品屬性的建案C.D.E。

我開始覺得奇怪，於是就瞭解了一下需求動機與目的。

而所得的結論是：從40坪到100坪都可以，從區域西邊到東邊也可以，從A級品牌最高單價到D級平價產品也都可以。

是的，這位客戶的時間很多，預算很高，沒有急迫性。

於是我回覆的重點是：這樣的看房法，你是永遠沒有辦法決定的，你並沒有過濾其自己的需求與目標，好似從YARIS到賓士600都行，今天買還是後年買也都可以，這樣只是走馬看花，對任何建案上的評論其實都幫不上你。

再深入下去，我發現他心有所屬的從頭到尾都是第一次問的那個A案。

而後所看的一切與問的全部，都只是要得到一個慰藉自己心中的答案：A案最好。

問題來了，在他鎖定與考慮的A案a與b戶時，他花了許多時間在尋找那個可以確認自己決定的信心。

當我知曉一切時直接破題鼓勵他就去決定吧，而後所問的全部建案我都只給他相同的答覆：A案最好。

終於可以下定決心時，a戶賣掉了，他開始懊悔自己這段過程的時間到底在幹嘛。

於是開始針對b戶做考慮與研究，也因此問了我數次意見。

我依然給予那同樣的答覆。

最終要去付錢時，b戶也賣掉了。

這個客戶開始惱了、急了、覺得怎麼這樣沒緣份。

而我最後給他的建議是：

「並非緣份的問題，其實有看到喜歡的，根本不需要透過我或任何人來找尋信心與肯定，買下去就對了。」

是的，同類型的故事，也許很多人都有著類似的案例。

既然你喜歡了，為何要從別人的嘴裡找尋慰藉呢？

要買房的人是你，出錢的也是你，要住的也是你。

喜歡的人也是你，去看的也是你，選擇的還是你。

所以每當聽到沒有緣分這句話時，

經驗可以說明這種事全都是藉口。

你喜歡，就要去爭取。

你想要，就積極去買。

而不是猶豫不決，渾沌不明，然後失去了機會，就把緣份掛嘴上，這是不對的。

對了。

「如果你現在正有個心儀的建案或物件標的，不要囉嗦，買下去就對了！」

看房子時，每個人所期待與想像的總是希望一切都能完美，對建案各種條件與水準上的想法與要求甚至多到不切實際。而真正入住了以後，才往往發現當初所堅持的觀點根本一點都不重要。

尤以預售屋更為嚴重：

當初為景觀而買，住後根本沒時間拉開窗簾。

當初為通風而買，住後都在開冷氣鮮少開窗。

當初為棟距而買，住後發現其實也沒啥差別。

當初為廚衛而買，住後才知道只有自己喜歡。

當初為設備而買，住後才驚覺真的很少在用。

當初為公設而買，住後整年也沒去用過幾次。

當初為外觀而買，住久了自己也都懶得看了。

當初為綠意而買，住了才知道一堆蚊蠅飛蟲。

當初為耐震而買，住了也才感覺根本沒有差。

當初為格局而買，住久才知道這是習慣問題。

當時所喜歡的建案賣點，到底在實際層面有多少的被需求性，是蠻見仁見智的。

但對大多數人而言，其實永遠不變的條件只有兩個重點。

「地點」與「價錢」。

其他根本不重要，也許現在才發現真的不是那麼重要。

不信你可以仔細回想自己現在所住的房子與社區，在思考看看當初你所下決定的那些理由，還存在你的生活之中嗎？

所以呢，看房子真的不用想那麼多，也不需要錙銖必較在那些其實無所謂的地方。

想像嘛、藍圖嘛、未來嘛，這也是我們賣預售屋最會的，「造夢者」。

而這些夢究竟切實嗎？

也只有你自己才知道。

同理於被網路廣告吸引而買的一堆消費品，結果貨到了，才發現根本沒在用不好用或只用幾次。

地點的需求，是無可取代的價值，你在有錢也無法變動建案位置的事實，無論你的財力或生活習慣喜好為何，地段就是一切。

地點超過品牌，所以好品牌都想插旗好地點。

地點超過建材，所以在好地點都需要好建材。

地點超過規劃，所以地點好就必須規劃完善。

地點超過設備，所以好地段的設備設計不斐。

地點超過公設。所以地點好的公設不可太俗。

地點超過外觀。所以好地段的外觀都具指標。

所以在地點無敵的地方，與其他的東西相比，真的一點都不重要，也因此，賣方總是珍惜把握好地點的產品來將這些輔助條件令其價值性提高到極限。

即便大家所嫌棄的寶佳系列，在好的地段上也是增值不少，以投資客的角度來看，許多人根本不看內容只看地點。

價錢的需求，是最為現實的，對於自住客來講，大家總是希望蛋白區的價錢可以買到蛋黃區。

而這也是判定其產品價值最直接的元素。

邏輯上來講，蛋黃會帶動蛋白的成本與價格，但在買方需求上總是沒有熱門區段熱絡，所以增值空間無法比擬。

可蛋白區提供的就是便宜及低門檻的售價。

而蛋黃區的價值所在是因市場的供不應求。

我們在建案上的努力與設計，是為了居家能有更好的生活品質，這基本條件也隨著

時間推移在不斷的進步。

無論是在軟硬體上，其實各建案也逐漸大同小異，最後的差別只在於各家建商願意再投入多少的成本去將細節建構起來而已。

這些輔佐於建案的周邊條件，不見得會是你而後真正住屋生活時會在意的內容。

所以為了這些夢幻想像在煩惱，不正是庸人自擾嗎。

想的，跟實際做的，永遠大不同。

不動產總是很現實的將財富M型化。

與其看著許多大師語錄與發財之道，不如就買間房吧。

當自己無法執行與開竅的時候，你永遠都不會是馬雲。

買房它可以證明自己的能耐，也能成就無數人的一生。

有房與沒房的平行時空之中，兩者之差是雙倍的往來。

有、再有、有很多，然後富足。

無、沒有、還是沒，然後有限。

當你把收入轉成股票去賭一把的時候，

我卻把收入轉成房產來強迫自己儲蓄。

當你把收入拿去消費揮霍欲望的時候，

我把收入轉成房產用出租做被動收入。

當你始終嫌房價太高而不斷期待空方，

我卻隨著時間將房子一間一間的出售。

十年前、現在、十年後，整整20年你還在相信著專家與學者的嘴。

十年前、現在、十年後，整整20年我已經繳完了數間房產的貸款。

贏者之方在M型化的一頭隨著籌碼正相滾動著。

輸者之方在M型的另一頭依然還在消耗著時間。

某天我肚子很餓，突然想吃一家很喜歡的滷肉飯，但我又覺得價錢有點貴，於是開始思考著店家是否不肖暴利。

肚子很餓：是基本需求。

鎖定產品：是基礎動機。

特定品牌：是消費慾望。

價格迷思：是買方認知。

於此，不動產不也是如此嗎？

肚子餓了＝開始需要一間自己的房子。

找滷肉飯＝尋求符合自己目標的條件。

特定店家＝遇到一個自己喜歡的建案。

嫌價錢貴＝認為在售價上並不如己意。

反過來思考而論：

如果你沒有先喜歡上，又怎會嫌價格？

如果沒符合你的條件，又怎會有衝動？

若沒有滿足你的需求，又怎會看下去？

如果沒有任何的慾望，又怎會有動機？

而最後在價錢上的買方定義，應該這樣反問自己：

米飯要不要成本？

肉燥要不要成本？

技術要不要成本？

口碑要不要成本？

店面要不要成本？

能源要不要成本？

人力要不要成本？

稅金要不要成本？

上述這些，如果你沒開過一家店，請問買方又如何會知曉這些成本的源頭到底有哪些呢？

又或是到底需要多少錢要先行支出呢？

又或是因為經濟環境時間影響多少呢？

對了，就是這樣，買方永遠不知道所消費的產品其製造過程賣方所要付出的代價。

而一貫的以為商人就是無良貪心。

如果說售價高是賣方貪心，那售價低不也算是買方貪心嗎？

本末倒置是現在很多在資訊與媒體平台上很多令人遺憾的地方。

為反對而反對，為自私而無理，為自以為是而傲慢。

如果你肚子不會餓，你管房價那麼多幹嘛？

如果你不吃滷肉飯，你管正義那麼多幹嘛？

如果你打死不吃飯，你狂刷存在感要幹嘛？

這是一個邏輯問題。

意思綜歸的結論就是：

會買房的人不會叫，會叫的人始終都不會買房。

所以根本不須理會那些愛叫的人，因為怎麼樣他們都不會買房子，也不會承認自己的需求與面對現實。

既然如此，也完全不用去做專業上的解說介紹，因為你對他們的好，這些人也始終都會把這些當成是惡意。

喜歡的，再貴都便宜。

不愛的，再便宜都貴。

有人覺得雙B很便宜，有人覺得國產車很貴。

有人覺得豪宅很便宜，有人覺得首購房很貴。

價錢跟價值，永遠都不在一條水平上。

取決於人們怎麼看待「物」這件事上。

每個人都需要消費，每個人也都會有欲望。

無論是物質上的，還是民生必需品上的，或是在無形上的。

充其量的僅是建立在個人的喜好而已。

如果你覺得這食物好吃，一頓數萬你都覺得划算。

如果你覺得這餐廳難吃，即便數百元都會覺得貴。

同理，在不動產上面的價格，是各種青菜蘿蔔的價值認定，市場也總是帶有著82法則。

貼近買方的行情，80％的人會認同買單。

高於大眾的行情，20％的人會看其優點。

比如願意花百萬來買進口車的人，他們覺得安全無價，多花點錢也比較心安，有保障。

比如願意花數十萬在科技產品的人，他們認為工作等方便好用，也就有那種認同價值。

所以你認為貴的產品，不見得會完全沒有人接受。

而你認為便宜的物件，也不見得全部的人都認同。

建案產品規劃百百種，每家建商爭奇鬥豔，各憑本事。

有的注重在安全結構，有的重心在外觀設計，有的重點在公設領域，有的下本在建材，有的主打在品牌力。

無論是哪一種賣點或優勢，最終都還是反應在售價上。

而大部分的人們，所介意或只在乎的重點，也只在價錢上。

在概率上而論，通常撿便宜心態只著重在「值」而沒在「物」上面的消費者，基本上在其眼光與換得的品質都較為低廉，也就是便宜貨。

當然也就是便宜沒好貨。

相對比較有自己想法的人，或多或少會帶著自己的眼光或選擇水準，他們懂得一個真理叫做「物超所值」。

每種物，都有屬於它的價值，若單只用價錢來論定好壞優劣，那是粗鄙入俗的觀念。

情人眼裡總是出西施，你不愛，沒有喜歡，又怎麼會有西施呢？

而當你看到一個你喜愛的房子或建案，它就是你心中的西施，又何必拘泥於價錢呢？

獻給每一個正在尋找屬於自己感動的看屋人。

價會過，值會留。

房要好，價要高。

隨著經濟景氣環境的變動，每個時局下的投資觀點與方式，也都具有相當的差異性。

當然投資這檔事，依附的是個人性格、考驗的是人性慾望、磨練的是眼光經驗、當然最重要的是自己的勤奮努力。

每個人都有工作，每個人也都有收入。

而大部分的資金來源，都是從本業而來，要儲蓄與運用的資金，也僅幾乎是由此產生。

那為什麼要投資？

不外乎賺錢，想賺更多的錢，想妥善理財，想要生活更好，想要給家庭更多的保障。

金流一直都是件很重要的事，你不理財，財不理你。

在薪資長期棟漲與逐漸通膨的時代變遷之下，若沒妥善管理資金，就等同是變相減薪。

但投資是門學問，也是則高深技巧，不是三言兩語就能道盡，也非隨便聽聽就可採信。

要知道，任何所注入的資金，都是你的血汗錢，都是你日積月累的辛勤而來的，也是你拮据生活所存下的。

但投資有穩賺不賠的嗎？

沒有，也不可能。

所以對於風險管控是投資很大的成就關鍵之一。

景氣好時，追求高風險高投報是人之常情。

景氣差時，追求低風險穩收入是基本邏輯。

很多人想投資賺錢，卻不學無術道聽塗說，認為可以不做功課就可以不勞而獲，認為跟著親友投入某種資金鏈就可以穩賺，認為完全不用評估就可以有收入。

所以為什麼詐騙盛行，吸金案例不斷。

人們又為什麼去聽信很多的投資課程，又花錢花時間去找很多的老師。

其實最主要也最大的兩個原因：

一個是大家都想賺錢。

一個是大家都沒自信。

但仔細深入研究探討的話，大多成功的案例就兩個方向。

一則是精準眼光的爆發，一夕致富。

一則是耐心穩定的等候，細水長流。

前者不乏賭徒心態，孤注一擲，壓得多，暴利數十百倍。

後者都是沉穩低斂，保本保守，滾得多，時間換取空間。

投資的奧妙在於投報率與風險的天秤中做拿捏。

這世上永遠不可能存在高投報低風險的產品與模式。

但卻有很多低投報高風險的東西充斥在市場上，所以投資成績單同時也反映著自己對這塊專注程度的分數。

保本，是現在很多人所追求的重點。

尤其是賠過錢的人更是有感體悟。

本金是母雞，收入是雞蛋，母雞不可死，也不能下不出蛋，這才是投資真理。

但如何能做出一個選擇是能保證不蝕本，卻又可穩定收入，這就有難度了。

在許多高收入份子的資金分配之中，不動產、股票、保單、定存是永不變的四大方向。

但卻各有不同的分配比例，根據環境變化與收益再來調整。

定存很鐵，但利息很少。

股票牛皮，股利還不錯。

保單穩定，只做儲蓄型。

房產保值，出租收月奉。

把投資當賭注的人，或很重數字收益的人，都是非常在意投報率的多寡，而看不起保守型的投資風格，認為暴利才有投資價值。

這類型的投機分子往往結論都會吃大虧，甜頭是一時的，傷害卻是永遠的。

通常越缺乏資金的人，都會想投風險大的，以致惡性循環，虧了又虧更多，洞越來越大。

不懂得避險，就會使資金走在鋼索上，如履薄冰。

而投資收益的運用，又是另一門學問。

母雞下了蛋，是把這顆蛋吃掉呢？

還是把這雞蛋在變成另一隻母雞？

生生不息，源源不絕，這是複利的概念。

錢滾錢，財滾財，是需要時間的，也需要耐心守候。

如同投報率的算法幾乎是用年化來計算。

股票或定存與保單利息也是每年計一次。

不動產買賣或置產更不可能短期做周轉。

所以投資，就必須用很沉穩的心情去看待它。

你越計較在乎收入有多少，就越會影響心情。

相對你越不去介意收益額，財富就越滾越大。

當你投入的資金會影響到自己的生活時，就不適合投資。

越年輕去學習理解，就越能及早認識更多這方面的世界。

用時間去累積自己的財富，也絕不可忽略時間的重要性。

用耐心去學習理財的智慧，也從中修為沉穩保本的態度。

信者恆信，宗教給予尊重，但老師可不是神了。

在購屋的世界裡，信奉自己所屬意的命理堪輿大師可謂過江之鯽，此文就來談談話術中的最高境界：算命。

為什麼風水只在中國盛行，而歐美或其國家文化並無此職業呢。

主因來自東方古代人們對於未知的事物，感到好奇、恐慌、無知、猜疑、信心等等關係，甚至因此產生身體上的不適，而命理師與相關理論也就這樣出現了。

他會給你一個解釋，讓你覺得合情合理，進而去改變到令自己安心，狀況妥善了，人們也就深信不疑的認為這是一門有如病痛會求醫般的職業領域，也是一個必須要崇拜與尊重聽從的另類信仰。

舉個例子：

當你每天睡覺時看到頭上有根樑，每天覺得有壓迫感，感到不太舒服，然後睡不好導致身體不適。

這時候老師就會跟你講，這是煞，必須要化解。

當你每天看到自家正門口有根柱子，每天經過路過，都覺得礙眼，要繞道，甚至常常還會因此碰撞到造成意外受傷。

這時候老師就會跟你講，這也是煞，必須要化解。

於此，透過日積月累，也就發展出了許多各種不同的學名，最常見的有如壁刀、路衝，等等非常豐富多元的內容。

這也僅是基本地理風水術，更甚者還會加入陰陽八卦五行，或是各種流派的或不同法則的起手式，當然免不了你的生辰八字等等。

許多人堅信不移，認為這是在下任何決定時必須要考量的因素之一，甚至許多老師

可以神到完全不知道產品或需求內容為何就可以告訴你答案。

比起我們第一線的業務，老師輕鬆多了，掐指捏捏就可以指點你的人生，我們耗費一生專業不見得能與大師的一句話來比擬。

這是一種悲哀，因為有名的老師賺得可多了。

這行業的產值，來自於客戶的「相信」，也因其人性的現實，當老師講得不準的時候，就要換尋下一個老師囉。

卜卦不行，換米卦，米卦不行，換鳥卦。

風水不行，換算命，算命不行，換擲筊。

籤詩不行，換摸骨，摸骨不行，換手相。

筆畫不行，換數字，數字不行，換紫微。

有時候帶來現場陪看的老師，我們會拿張名片或偷偷跟他說：如果有成交，我們會有高額的介紹費，在拜託「大師」美言幾句。

無論是何種老師，不都是要賺錢的嗎？

老師又不是神，又不是天職，更不是公職，誰給的錢多，誰的錢好賺，話術就往哪邊倒不是嗎？

老師真那麼厲害的話，為什麼自己還是個「老師」呢？

老師可以把授予客戶的發財之術施在自己身上，也能把改命轉運之術發揮在自身上，但為什麼沒有呢？

因為無論是多厲害或多盛名的大師，都不可能預知未來，也算不出下一期的樂透號碼，更算不出股價漲跌，當然也算不出房市後續。

至於你為什麼會信要信，講直白點：

因為你傻。

也沒甚麼不好，但請記得，這都只是個或然率而已。

聽老師言而真正趨吉避凶，那是運氣。

聽老師言而事事總是願違，也是機率。

但人性就是如此，說中了。準，凡事必問。

說不中，不準。換掉這個瞎扯的江湖術士。

那麼還有沒有下一個老師呢？

在我經驗看來，缺乏心靈慰藉的人，這方面就是一種寄託與依賴，總認為這會對自己好。

而比較務實在現實世界與邏輯之中的人，這方面只是一種尊重，不會迷信。

老師也是人，也是要吃喝拉撒睡，也是要結婚生子買房子。

人與人之間，何必存在著那些偽神呢？

那麼，你是拜神，還是拜人呢？

命理堪輿與五行之術，是中國傳統的智慧。

是一門學問，一道中式科學結晶。

但用在賺錢與做生意上，它就成了一種高階業務技巧。

老師在說，你敢嘴？

老師在說，你有沒有在聽？

定義為為了買房子而長期揹負貸款壓力，因此影響了自己理想生活品質與水準的統
稱。

現代人認為這個詞彙也涵蓋了高房價的代名詞，認為購屋這件事從傳統的「人生三
大事之一」，轉變成年輕人改觀為「人生不可做之事」。

深怕那些利息與對房子上面的支出，會把自己的頂客生活給綁架了，也有相當部分
的人們認為現在經濟時空背景不如從前，及時行樂是很重要的，未來的事未來再
說。

財富有限，開銷無限。

這是一個資金運作的鐵則，意思是，收入總是很有限，但花費卻是無底洞，如何能
收支平衡後還可以存到錢來儲蓄，似乎只能高所得。

但承上述而論，若都是把樂享盡，又怎麼有辦法省下那些有限的收入呢？

難道「樂」，不用花費、預算、與開銷嗎？

大至奢侈品、車、錶、名牌行頭，在至旅行、出遊、活動，小至平時開銷、娛樂、
聚餐、結伴等等……

哪一項，不需要用到錢？

哪一項，會跟資金無關？

與其說是把責任歸咎在房價上面，不如說是在你的觀念之中，缺乏了對自我人生的
面對與負責，因為你只想到了今年的自己，卻沒顧及到十年後的自己。

如果心態不正確，即使房價下跌，你也不會買，或者還是買不起。

做為一個有價值的屋奴，是將有限的財富存起來，也透過於此來拮据自己可能無法
抑制的開銷慾望。

在通膨的影響變遷之下，甚至放大了這筆資本儲蓄。

一來一往，做個比較。

天使的你：收入10元，買房投資了8元，十年後這8元變15元，於此你存下了8元沒有花掉，而同時也增值到15元。

魔鬼的你：收入10元，慣性開銷了8元，十年後0元依然是0元，於此你沒存下半毛收入資金，你僅享樂了這段時光。

前者住在自己的房子裡，後者住在房東的房子裡或啃老跟家人住。

天使與魔鬼，在未來上是相距了無數倍的距離，人生又有幾個十年呢？

你又能以多少的黃金時光來賺取有限的收入呢？

天使總是在身體力行的時候先苦後甘，令自己後續的時間可以輕鬆點，甚至能有更多的財富去做更多的事。

魔鬼總是在青春年華的時候先甘後苦，讓自己年紀漸長時更辛勞困頓，甚至月光頂客賴家的生活到知天命。

有些話講得很好：

買了房，即便房價跌了，最少我還有房。

沒買房，即使房價漲了，你依然沒有房。

房子是你的籌碼，是漲是跌，它都還在，也還是你的。

如果你人生無房，是漲是跌，它都不在，它是別人的。

許多人們很喜歡從他人口中找到符合自己心中的答案，

許多人們很喜歡給予他人各種相關問題的建議或評斷。

這些人們，包含著神學算命、宗教卜卦、地理風水、親朋好友、工作同事、專家名嘴、網路酸民、陌生網友。

其實在探詢所謂他人的意見時，永遠都是「人多嘴雜」。

即便是只有詢問一個對象，得到正向並符合你答案的機率本身就已經不高了。那麼再詢問更多的對象，被潑冷水的機率就是幾乎百分之百。

為什麼呢？

既然你開了口，對方不表現點存在感怎麼行呢，不發表點反向的意見或批評，又何必問我呢？

甚至會有不少人會強勢的要求你必須聽他的建議。

或是用些威脅或負面的方式告訴你堅持必定後悔。

尤其在家人或長輩上的意見上，更難取得認同。

還有不少在鍵盤上的酸民，你根本滿足不了所有人的眼光與喜好，在網路上的世界，即使你丟出了一個幾乎滿分的物件，也會被挑剔到滿地找牙。

所以說，何必要問別人呢？

到底自己的決定與選擇關他人甚麼事呢？

你聽取了別人的建議，因此獲利，你會分他們嗎？

你聽取了他人的意見，因此損失，他們會賠你嗎？

在不動產的世界裡面，是不可能有可以滿足所有人想法的產品。

每個人都有自己的水準、眼光、成長環境、原生背景等等……根本不可能會遇到跟

你有完全相似的人，既然如此，你又能期待得到甚麼答案嗎？

加上錯綜複雜的人性與各懷鬼胎的目的性，這種建議根本沒有甚麼太多絕對性的參考價值，頂多聽聽就好。

所以當有人也問起你的意見時，請記得，要為自己嘴巴說出的建言負責，最好的方式就是：中庸之道。

要為一個人的狀況做出最適合對方的做法或決定，而不是用自己的立場經驗去套在人家身上做建議。

自己有無喜歡產品是最重要的，自己沒有喜歡，也不太需要去說太多的廢話。

時常我會詢問客戶：

你要跟這個女生交往時，你會問父母親友的意見嗎？

你想要跟女朋友結婚時，你會問父母親友的意見嗎？

你想要跟老婆生孩子時，你會問父母親友的意見嗎？

你會因為上面這三件事情，去求神問卜、擲筊、上網詢問、尋求同事意見嗎？？

那麼如果對方給你反向或你不想聽的話，你會照做嗎？

既然這些事情並不會因為這些建議而令你改變決定，那為何買房子時就會呢？？？

人多嘴必定雜是鐵則。

讓自己嘴不雜是原則。

千萬別用自己的角度去思考所謂的有錢人，很多時候小散戶或一般消費者，會以自己的財力或收入與消費水準去認定有錢人在不動產上的投資置產程度。

但，事實總是會超過他們想像。

你以為他們只會買一間嗎？

你以為他們會受限貸款嗎？

你以為他們會在乎稅金嗎？

你以為他們會關心租金嗎？

你以為他們會為錢煩惱嗎？

通通不會，有錢人之所以稱為有錢人。

一來不缺錢，二來不愁錢，三來錢只是個數字而已。

置產一定要有理由嗎？

投資一定要有回饋嗎？

他們看的是超長線，他們看的是潛力，他們看的是地段價值，他們看的是永遠性的。

散戶是小蝦米，一線投資客是大鯨魚。

在不動產的金字塔當中，籌碼多的人，永遠都是贏家。

現金多的人，財力雄厚的人，不缺周轉的人，永遠都是無敵的。

房子賣不賣得掉，店面租不租得出去，那是一回事。

我要不要降價，那是另外一回事。

不動產賣不掉，資產租不出去。關屋主甚麼事呢？

憑甚麼這樣他就必須要降價呢？

他又不缺錢，租得掉只不過是多了些許零錢，租不掉，根本不痛不癢。

也因此間接產生出在高地價區域的生意門檻會很高，因為想要插旗熱門地點，只能接受這些有錢到不行的房東屋主所訂製出來的租金行情。

他們根本就毫不在意哪個品牌撐不住了，哪個老店受不了了，哪家餐廳付不出租金了。

那些社會上、專家嘴上、一般散戶上所自認為因撤租倒店潮或供需失衡而這些房東就必須因此降價，那可就大錯特錯。

對他們來說，商圈存不存在，集市熱不熱鬧，經濟好不好，一點都不重要。

重要的是，你想買這地點，你想在這做生意，你想跟我租房子買房子，無論在哪個時空背景環境，你都還是得要看我臉色。

當你認為一戶破千萬的房子很貴時，請記得這數字對隱形富豪而言，這只是有如你口袋中的十元硬幣一樣這麼微薄。

我們該思考的是，難道這些有錢人是天生就有錢的嗎？

其實不然，一則本業上的成就，或者副業經營上的成功，再來就是投資理財上的累積。

也許我們沒有如金字塔上層般的機會能成就本業或副業，但在投資理財上可是連學生都能做得到的賺錢門檻呢。

輸的永遠不是命運，而是觀念與態度。

在台灣，99％的有錢人都會經過不動產而致富，或是致富後來投資不動產，無論是財團、法人、企業、個人、政客或名人，只要有錢，不動產都是不二選擇與法門。

如此，你還要抗拒不動產嗎？

如此，你還要拒絕做屋奴嗎？

想想，每個在人生資產上都有豐富結果的人們，早期不都是從屋奴起來的嗎。

如果你的薪水都是固定的數字，那麼只要計算機就能算出你一生的收入，就像1＋1必定會等於2一樣這麼簡單。

可是假若你能將這些固定收入轉為資產化，那麼你一生所累積起來的總結價值，可
就會是個大問號。

也許會是計算機得出的數字百倍以上呢。

買房子，太過保守並非是件好事。

時常在買預售屋前想得太多、想得很仔細、想得很周全，結果買了之後的事情都跟你先前所想的完全不一樣。

似乎回頭後才發現，當初那些多慮都是枉然甚至是可笑的。

做任何的選擇與決定，都需要勇氣。

從0到1要跨出的那一條線，跟事前的打算永遠是兩碼事。

看房子很簡單，喜歡上一個社區或建案也不難，但為什麼當要做決定下去卻是如此困難？

因為沒有經驗、因為想太多、因為害怕、因為擔憂、因為種種其他多餘的考量與顧忌。

對一個建案有購買衝動跟要真正做決定簽下去與付錢，是完全不同的東西。

對於很多人來講，買房子似乎是要用上一生的積蓄或是這輩子只能做一次這樣的決定。

但說穿了，其實也沒那麼嚴重與誇張。

常常會與客戶分享一個觀念：

每個人一生都會非常多所謂的「第一次決定」，都會有很多首次嘗試的經驗。

第一次上學，第一次考試，第一次買車，第一次結婚，第一次生子等等……有太多數不盡的『第一次』了。

既然如此，為何要放大在首次購屋的壓力呢？

回顧你過去的成長過程，當你在跨過那些從0到1的經驗之中，有這麼的膽怯與害怕嗎？

買房子，只要有正確的觀念與態度，其實根本不是有無勇氣的問題，只是對於無知感到害怕而已。

而人們也總是在有了經驗之後，就不在這麼的生澀，也不在這麼的保守或多慮。

一回生、二回熟，不動產並不是這麼恐怖的產品，也不是個賭博籌碼，它不會輸掉你的一生，你也不用賭上你的一切，它只是個看起來金額很大的民生必需品而已。

就如同衛生紙般一樣這麼普通平凡又人人必須要使用到它。

買錯了，賣掉就好。

賣不掉，放著就好。

時間到，換掉就好。

其實也沒這麼可怕，是吧！？

從事這個行業歷經無數次的買賣經驗，對於購屋這件事已經是麻痺到無感，要不要入手或進場，只是有沒有錢跟子彈夠不夠的問題而已。

要說到因為買了房子而整天提心吊膽的緊張到睡不著，還是要為了要選擇哪一個建案，要不要做決定而心神不寧。

那已經不是我能想像的精神狀況了，因為看過太多買無數間房子，就像買菜一樣簡單又隨性的客戶。

跟這些人深聊起來了解之後，其實很多這樣的買方並非真的非常有錢。

而是在有了太多次吃到甜頭的經驗，也有數次轉手買賣的過程，在經過了這些之後，就不太會有人還會對購屋的決定感到的害怕。

更重要的是，當人們越能正視到現實環境的發展是不買房會越來越貴時，那種猶豫不決的恐慌根本不算甚麼。

其實也沒那麼難，對吧！？

任何的消費品，大致都如此。

更何況在建構成本這麼大的住宅上。

在台灣，做工程的可以很神奇，壓縮在低的預算還是會有人做。已經不符合最低的成本邏輯，也還是會有人接。

為什麼呢？

偷工減料就好了阿，不然怎麼會有那麼多豆腐渣工程。

偷工減料到安全底線，房子不會倒就行了，但能不能住就看承接方的運氣，就讓後續的人去處理囉。

房屋售價：是土地成本加上營造成本，土地價格無法抑制，又要房價下修。

那請問要怎麼做，才能符合市場買方的降價預期呢？

很簡單，削去營造成本就行了。

但建商願意嗎？

營造商許可嗎？

只要是自有營造或其相關旗下品牌的建商，又或是永續經營的建設公司，基本上不會這麼做，頂多在公設相關設計或外飾等等建材做設計變更上的成本節制。

沒有人會去冒上那種風險做後續交屋上的大麻煩。

加上現行的法規及等等嚴格限制建設方的各種公權力約束，現在真要想做到可以影響到售價上的偷工減料，非常不容易。

加上一例一休讓人事成本大增，以及隨著時間不斷漲價的原物料，在基礎成本的上游就已經不再是過去以往的價格，更別說想壓下營造費，除非營建規模量體可以大到全國性的程度，不然建造成本幾乎都是死底鴨價。

所以做政府公家工程，反而不會有後續的麻煩，因為不是自己的客戶，也不需要自己去做售後服務，自然偷工減料是家常便飯，回扣給一給驗收簡單過。

那麼如何才能有效影響房價呢？

土地。

地價才是根源，如果無法讓此成本有能回頭的可能性，基本上是不可能令房價有感下修的。

證據在於蛋白區與蛋黃區的房價差異化，如果你希望用蛋白價買蛋黃，可以。如果地主也是這樣便宜賣地的話，就行了。

但，如果你是蛋黃區中的地主屋主，你會願意做這種傻事嗎？

所以在營造成本上已經是有著固定式的最底限度，那麼反應在規劃產品的售價上，現況建商一般會做出兩者比較極端的決定。

一者：就以最低成本打造的首購宅，在建材或設計規劃上，就不要期待能有多好的基礎配備，也別嫌建材品牌有多爛，因為你的預算只能買這種基本款。

另一者：因為怎麼打底就必須已經是要這麼高的售價了，不如把基礎成本規劃增加起來，讓整體的產品CP值提高，雖然會有高於行情的售價，但卻可以令消費者有不同觀感的青睞。當然有鑑於此，自然你無法用上述的售價買到這種房子。因為水準不同。

房子、不動產產品、只要是跟建築與工程有關。

包含你家要做的裝潢、木工、土水、泥作、甚至是細部的各種施工，如果你貪小便宜，後面就絕對會吃大虧。

同樣的，如果你只貪圖房價就是要便宜與廉價，就不能在最後發生問題的結論時，全把那些不滿歸咎於賣方。因為你買的是便宜貨。

雖然還是幾百萬的東西，但對整體成本理論而言，你選擇的就是便宜貨。

因此在產品與購屋的選擇上，房子多少總價與建構品質的單價，永遠是兩碼事。

如果你想要便宜又大碗，基本上那不存在於現實世界。

如果你選擇的是高價格的好貨，但發生瑕疵不符於售價時，那你有資格埋怨究責。

如果你選擇的是便宜鳥貨，問題一堆是正常不過。

但便宜真的會有好貨嗎？

好貨真的可以買到便宜？

別傻了，一分錢，一分貨是消費鐵律。

羊毛永遠出在羊身上。

自住客缺乏經驗，投資客買賣無數。

自住客東挑西嫌，投資客眼光狠準。

自住客猶豫不決，投資客果斷決定。

自住客疑惑百態，投資客老神在在。

自住客十看一買，投資客資產配置。

自住客資訊落後，投資客風聲廣佈。

自住客自以為是，投資客客觀看待。

自住客不切實際，投資客保守面對。

自住客抬轎墊底，投資客盡嚐甜頭。

自住客易受影響，投資客堅定方向。

自住客說變就變，投資客下手決斷。

自住客因小失大，投資客以大略小。

自住客資金有限，投資客子彈充足。

自住客旁門左道，投資客條理有絮。

自住客貨比百家，投資客審時度勢。

自住客觀念偏差，投資客態度明確。

自住客容易自卑，投資客樂觀低調。

自住客心神不定，投資客買即享受。

自住客通常缺乏的是關於不動產相關的一切知識與經驗，但也沒人可以一時半刻就能深入。

大致上這些與投資客的差異，很多也是受限於自己是買方的立場關係。

買賣對立是自然不過，只是某天自己也成為投資客的時候，回想起當初剛開始看房子的樣子應該也會蠻好笑的。

每個人都有第一次，每個人而後也都會帶著經驗。

投資客是經過無數交易，也為了置產做足功課，甚至因此交際人脈，跟單純自住需求不太一樣。

有很多人會說，業務員是現實的。

但對我個人而言，其實客戶才是最現實的，買貴了你是千古罪人，買便宜了是自己很會殺價。後悔了千挑百嫌找瑕疵，賺到了也不會特別記得你當時的推薦。

因為客戶始終都會認為你是賺了他們的錢，服務是應該的。

但投資客可就不是這樣的態度了，甚至越大咖的投資客，越客氣低調，越神祕配合。

為什麼總是喜歡賣給投資客，除了決定非常快速之外，更重要的是他們大多懂得「尊重」對方的溝通與交易談判過程融洽。

但大多的自住客，是多疑無理的。

可也非以偏概全，A級好客大有人在，只是相當少數。

景氣好時，以上都廢話，因為沒買是傻子，買貴也好買的爛也好，都比沒買強。

景氣差時，這些人性也就都通通跑出來了。

投資不在快
在穩。

許多人誤解了不動產投資的意義，認為一定要有價差空間，一定要有高速的周轉，一定要有不符現實的投報率才能納入為評估考量。

其實這些都並非是不動產的本質。

任何的投資，都需要時間。

因為成本，需要時間。

因為增值，需要時間。

既然如此，假設沒有多餘的閒錢，或者沒有準備長期不動的資金，那麼是不適合置產的。

現今房貸的利息很低，但因應各種對於短期投資不利的稅制，如果只是走短線，自己要承擔的風險是很高的。

合理化與健康層面的置產，應該是利用低利來幫助自己存錢，運用銀行的錢來幫你增加被動收入，至於價差那種事情就隨緣吧，反正時間最終會給你答案，但我們都必須以最低限度來思考。

賺不了價差，你還能有甚麼好處？

1.加速存錢，壓縮自己不必要開銷的欲望，因為不動產長線看待並不會虧本。

2.出租收益，用租金來抵銷養房成本與利息，甚至還能有點蠅頭小利，積少成多。

3.若干或數十年後的增值，不用去特地計算未來會漲多少，只要安穩的不會因為購屋負擔產生無法周轉收支的狀態下，最終的果實總是甜美的。

4.只要不是跑短線，基本上稅制並不會影響你太多利潤，保本3～5年，放遠就挑個好標的放10年，投資好地段有賺無賠的不敗真諦就在於此。

時常與人聊到這樣的話題，我的總結都是如此，有錢，就放在不動產上吧，去買房

子吧。

但最好是閒錢。

投資在對的地點上，幾乎是零風險的，即便遇到任何市場上的盤整，只要你不會因為缺錢而殺頭的話，最後都會漲回來甚至超過原本的入手成本。

別把投資當賭注，別把買房當籌碼，別把置產當成是勝負。

在不動產上，用撿便宜的價差觀念來投資，是極其不妥。

賣方為什麼要有那種價差空間給你白賺呢？

有哪個賣方的土地或閒置不動產會因為時間增值後在便宜賣給你呢？

即便是建商放著不出售的屋子，也會調漲不是嗎？

投資置產就是看未來，拼潛力，用時間磨出空間。

在低利的時代背景之下，萬般皆漲唯獨薪水不漲。

幣值因為通膨越趨貶值，能買到的東西越來越少。

如果不把資金著眼在跟著通膨的不動產上，你會白白損失這些時間成本的，太可惜也太浪費。

如果我有閒錢，我還是會投資在不動產上。

如果我有很多閒錢，我也還是會放很多在置產上。

只要是有經濟概念的人，基本都會相當認同不動產的特性，它保守、卻又可以爆發，它穩定、卻又能帶來不同的資產價值。

買房子不會少塊肉。

死不買房子可能會少吃好幾塊肉。

誠
意
。

這是很重要的觀念，現在的消費者也不知怎麼了。

很多人不太懂得這兩個字，拿出誠意，才能贏得賣方對你的尊重。

而在現代服務業難為的社會，很多消費者都有著那種奇怪的態度是「花錢的是老大」，又或是缺乏誠信與禮貌的那種姿態來面對自己的需求動機。

有趣的是，很多時候自以為是老大的消費者還沒花上半毛錢呢？

在這個行業，最常聽到看到莫過於是這些症頭：

1.給我資料，我趕時間。

（沒有誠意，為何賣方一定要給你資料呢？）

2.不留電話，不留全名。

（沒有誠意，又何須浪費大家時間呢？）

3.主動預約卻放鳥。

（沒有誠意，又是約啥意思的呢？）

4.回應問題就消失或封鎖了。

（沒有誠意，又何必主動打開賣方對話窗口呢？）

5.能用這個價錢成交再跟我聯絡。

（沒有誠意，不如0元起標一刀100好了？）

雖然這是業務與服務業的常態，但隨著科技進步，資訊管道等等也日新月異帶來許多不同的消費習慣。

但確實這種狀況是越來越多，比例也越來越高了。

那種感覺好似，只要我是消費者，禮義廉恥怎麼寫都不重要了，那種最基本的禮貌也不見了，甚至連碰了面也是這樣的姿態，其實是蠻糟糕的。

當我自己是消費者的時候，總是會帶著將心比心的想法盡量讓對方方便，沒有太誇張的情況也不會去為難賣方，甚至有消費需求時是相當阿莎力的。

因為這行業是辛苦的，每個行業都應該有值得去尊重的地方，服務業也並不是有這樣的義務必須應該要為你服務，但這是工作，所以我們如此，以客為尊，顧客至上。

可現在的人們還真的都會把全家當你家，沒有誠意，又如何換得對方對你的尊重與看重呢？

無論是單純只想看屋，還是真的有購買意願，或是其他原因想要瞭解。我相信只要為人親切和善的互動，必定雙方會有良好的溝通，即便沒有成交，也是個快樂開心的過程，這不是挺好的嗎？

假使有成交的可能性，這種誠意也能為你換取最大的優惠，屢試不爽。

面對在最後的價格階段，也時常會聽到客人問起。

「你最便宜可以算我多少」，而回到，你今天能決定嗎？

客戶卻說：你先給我講最低多少，然後我回去考慮看看。

很納悶，請問你是賣方時聽到這樣的回應，你還會想給對方折扣嗎？直接回去考慮清楚後決定要買時再來議價才是吧？

更甚者直接數落一大堆以後丟回個數字叫你賣方好好考慮這個價錢，能賣再通知他。

不是抱怨文。

而是希望在交易的過程中，買方也是可以贏得很多尊重的，但相對應的是，消費者必須先付出你該對應於自己消費動機的誠意。

要記得自己的禮貌，因為要換取服務的，總是你自己。

沒有錢，不會被看不起。

自備款不夠，也不會被看不起。

會被賣方閒言閒語與被看不起的永遠都是你驕橫無禮的消費姿態。

某A客戶反應道，30萬一坪實在太貴了，根本沒有這個行情。

某B客戶敘述道，30萬一坪可以接受，畢竟你們地點很好。

某C客戶談論道，現在好的地方有低價的嗎？我覺得很合理，甚至還有期待空間。

綜歸下來，其實有部分是來自於每個客層背後的狀況與思考角度跟觀念。

A客戶幾乎都是首購族，再者就是睜眼說瞎話想撿便宜的投資客。

B客戶多數已看過不少房子，無論是否首購，最少了解不動產的基本邏輯。

C客戶居多是已經有不少的買賣經驗了，對於房地產都有獨到的看法與見解。

當然客層這件事，也只是個過程。

從A到C的進化，只是時間的問題，有些人永遠把自己定義成某A的水準，雖然這並不是甚麼太重要的事情，也不會影響你的生活，頂多就是造就未來自己的資產命運而已。但若不願意面對真切的現實，那又怎麼會對自己有幫助呢？

以代銷公司的立場，基本上不太可能會接到低於市場行情的建案，每每時間過去，後一個案子的價錢永遠比前一個建案還高，我們何曾不想也像個消費者一樣來做低於行情的生意呢？

問題在現實世界就是不可能會發生，那如果我們都像某A的心態來工作，可能真的就要吃土了。

規模在小的業主，地點在偏的個案，都不會讓代銷撿到便宜的。

說實在，若有這種機會，建商又何必給專業代銷來處理呢？請個大學畢業生隨便賣賣都能完銷。

所以我們必須要不斷的傳達給消費者，讓客戶去理解這樣的市場概念。

也許30只是個數字門檻，但每一個10的關卡，都同等有此現象發生。

每坪9.9萬到10.1萬的跨越，

每坪19.9萬到20.1萬的突破，

每坪29.9萬到30.1萬的成長，

每坪39.9萬到40.1萬的進化。

首購害怕的其實並不是數字，而是信心的問題，當你感到疑惑時，數字只是一個可以讓你合理化去質疑它的理由，也是最主觀的見解。

而對數字的接受度，其時也表示著你對不動產定義的深度，也代表著你對這件事看法的水準層次。

其實你不是嫌貴。

你只是不懂市場而已。

如同股價一樣，有人覺得某公司100元合理便宜，因為看得是他未來的潛力，有人覺得貴，因為他只想用50元來買100元的價值。所以覺得價錢高，而並非去實地研究其未來或實質的等價平衡。

但若是自住，而首購也多是如此。又何必想那麼多呢？

自己住的，即便漲了你也不會賣掉，即便跌了你還是有房子可住，未來何時要怎麼處理這間房子，都是個問號，哪裡會有這麼多的保證呢？

沒有要把房子賣掉的那一天，行情上下其實真的不太重要，只是個閒嗑牙的話題而已。

遲早有天你會變成某C客的，時間的問題罷了。

有100萬，要拿來幹嘛呢？

買台車好了，但一落地就打7折，資產等同於零。

買隻錶好了，掛十年折舊6折起，變現僅本金6成。

來結婚好了，但婚宴紅包能回收起來嗎？

來生子好了，又會有雙薪產值帶孩子的問題。

正常人會在黃金30歲前必須要做這樣的決定順序，有些人會先滿足物質欲望，有些人會先完成人生大事，有些人會先平衡多年工作的辛勞。

但，房子呢？

何時該買？

正常人也都會從這樣的人生歷練過後的若干年，再來省思其實房子應該要早點買的。

但年輕時，誰知道呢？誰願意呢？

看著媒體講著房價高，看著名嘴喊著年年房價會跌，看著父母親的臉色不知會不會贊助，看著自己的生活開銷不想被貸款壓縮生活品質。

車買了，婚也結了，孩子也生了。

今年30歲，發現好像只差房子還沒買，來開始看屋好了。

「怎麼現在的房子都這麼貴？」

「我的自備款不夠……」

是的，時間過去了。你曾經的決定與選擇，並沒辦法讓你的人生增值，困惑又煩惱。

「算了，再過幾年看看好了」

「算了，買中古屋就可以了」

「算了，繼續住在家裡好了」

來讓時鐘逆轉十載，來看看會有何不同的結果。

100萬，就來付一間預售屋的自備款吧。

十年前，綽綽有餘。

今年依然30歲，我貸款也還清了7.8成了。

算一算，也讓我存了幾百萬。

算一算，也增值了幾百萬。

當年，500萬的房子現在竟然可以賣到800萬。

用這些存下來的、增值多的預算來推現在的房價換屋吧。

多餘出來的資金，買台車、結個婚、生個子，預算好像也還蠻充足。重點是有屬於一個自己家庭能夠用的空間與新房子。

這樣的例子，每一天每一年都在上演，都在不同的時間點不斷的重複播送，往往一個不同的選擇就能決定往後的命運。

是錢的問題嗎？

也許是，也許不是。但這更是一種對自身資產未來的培養，除非你本職賺得夠多，除非你喜獲橫財，否則如何一次到位？

如何一步登天呢？

買房真的是屋奴嗎？

做個有價值的屋奴，也是種驕傲。

「我有房，你沒房」。

「你有車，我有房」。

「你有錶，我有房」。

若干年後……

「我甚麼都有了，你卻還在找房，找一個因為現實面而不切實際的房。」

越早買房，人生越輕鬆。

這是一個很客觀的理論與故事，信不信由你，但當你不信的時候。

請問你有房嗎？

參、買方觀念

投資不動產，有短有長。

超短期的預售買賣，稱投機。

中期的交屋前買賣，是短期投資。

中長期的成屋買賣，是投資。

超長期的出租後賣，是置產。

投資：意味著低買高賣，短進長出，賺了價差，帶了獲利能換算成正值投報率，是其目的。

但投資不是有賺有賠嗎？

有穩賺不賠的項目或標的嗎？

為什麼有些人總是十投九賺，而為何有些人總是十投九賠還被戲稱為反指標？

這些種種都是觀念的問題，如果你期待著不做任何功課，懶人投資心態，又不願承擔任何風險，又想著不勞而獲，如果能賺到錢，那是運氣，而不是真正的投資。

在不動產的世界裡面，投資能賺錢，鮮少是因為撿到便宜，真有那種貨，也輪不到你我，不然何來內線交易呢？

投資是個賭注，只是籌碼為你的眼光，而本錢是你的觀念與心態。

如果覺得投資就是要穩賺，那事實總會背道而馳的發生。

甚麼叫穩賺？行情10元你買8元，那這可能發生嗎？

甚麼叫獲利？行情10元你賣12元，這不需要時間嗎？

時常會告訴客戶一個概念，大部分買方成交的物件都是超過你原本心理的預算，因為你先喜歡它才願意購買與加價。符合你預算內的房子，幾乎不是你滿意動心的產品。不然就是你很有錢，預算無上限。

投資也是一樣的，每一個賺了價差的人們，不就都看未來嗎？不就都是早進場的嗎？不就是對自己的眼光看後市而下注的嗎？

價錢，不都是越賣越高的嗎？

迷思在哪？

迷思在於許多人都會以現在的市場環境與行情來主觀的判定未來就算增值也不會有多大的空間，你是神嗎？

你怎麼知道未來百分百是漲是跌？

股王是一夕之間又或是這麼容易被凡人相中嗎？

仁愛帝寶是短短幾天成就為房市價格之王的嗎？

每一個時間點都有當時刻的經濟環境與市場條件，當然每一個人事時地物，都有著不可往上高攀的價錢困惑。

但事實是甚麼？

房價不是從每坪不到10萬，在到15萬，再破20萬，站穩25萬，上看30萬，又到35萬，超過40萬，最後50萬。

哪一個不是從好便宜到好貴，再從好貴變超級貴？

當你在怨嘆為什麼自己沒機會早進場時，請想想過去的自己是否無時無刻都在嫌房價高？

市場不會永無止盡的漲或跌，但更不可能是你我說的算。

投資的成就關鍵在於時間與眼光，不是你的第六感，也不是我的主觀判斷。

不動產最後的贏家永遠是留得久的人，你沒有那種打算或能力放長線，那就只能把籌碼放在短期週轉上，當然增值空間就很有限。

存錢不如存房。買房防老。

想做贏家，就置產吧。

購屋殺價的技巧。

網路上充斥著一堆關於購屋許多的吸睛文章或新聞，想來可笑，因為很多的內容邏輯不符事實，又充滿了矛盾或過度理想的假設。

好似想要買得便宜就必須使用那些教學的「手段」。

看起來很有趣，因為愚民行為的編撰者可能心態是：管他懂不懂或自己有無真實瞭解與有否實質證據，灑了狗血再說。

而消費者缺乏正確判斷力也就這麼接收了這樣的訊息。

「想要買得便宜，你就得付出同等程度的誠意。」

這是很重要的觀念與購屋態度。

如果老是認為賣方都要你買貴，還是認為賣方這麼的不可信任，或是想搞一些有的沒的。其實這些真的都對你議價過程沒有幫助。

你想更便宜，你就需要賣方或橋梁方的協助，如果你擺出很高的姿態認為是買方市場就為所欲為，那就錯了。

消費者犯了花錢就是老大的態度，就不會有人會真心為你服務或爭取，只會做一大堆狀況劇跟演戲來敷衍你的自以為是。

可能最常聽到的是：等這個價錢買得到我再來談。

那麼最常回覆的OS是：你不來談個屁，沒誠意就去吃屎。

所以真的有喜歡也有意願某個標的，請先準備好你想要買便宜的誠意度，這世上沒有那種叫做我出了價能賣就賣不能賣我也不想浪費時間的鬼東西，這種鬼話講一百次也不會有半次能如你的願。

人性的事實就是即便你出的價錢能賣，人不來也不可能成交，全部都是嘴巴說說的一點擔保都沒有。

談價格之前，自己有無做好行情的功課與比較也是很重要的，否則別在事後怪罪於賣方如何又如何。

經驗上，買便宜的客戶都會想公開炫耀，鮮少低調。

買貴的客戶都怕丟臉不願講自己的買價，鮮少高調。

其實買的價錢高低與否，做了決定就不該有後續的負面情緒與想法，因為事前你沒有花足夠的時間與心血做功課。

不見得所有的賣方都秉著誠信原則，想把你當盤子砍的也很常見，但真想高明的取得一次交易的成功，不是把責任都放在賣方或仲介方上，自己做了多少的研究功課才是議價的成功關鍵。

取信於那些資訊上的怪奇教學是很可笑的。

想買便宜，就拿出誠意。

想談價錢，就奉上誠意。

想買得爽，也需要誠意。

沒誠意，充其量都只是打嘴砲。

客戶我們都會分A、B、C、D型。

A客不見得會成交。

D客也不見得不會成交。

這種分類，主要設定在客戶的「素質」。

素質越好的消費者，通常都能在不動產買賣上佔了比較多的便宜。

而素質越差的消費者，比例上都是想佔各種便宜的芭樂客。

你芭樂嗎？也許你不知道，但為你服務的賣方都會為你見證與打分數，不見得有成交才是好客人，而是你的觀念態度與想法來決定你能不能買到真便宜。

消費者有
眼高手低的權利。

一樣米養百樣人，做這行，總是能遇到形形色色的人種。同時也是很可以做為一種心理學與人類行為上的研究，時常透過與客戶的交流經驗之中，去深深思考其言行的邏輯，或是透過在溝通上的旁敲側擊來試圖了解真實的原因。

中國人，總是見面三分情。在背後在鍵盤上，總是可以不留情面的批評或表現出十足的真實想法與心得。

但見了面，就不是那麼回事了，所以在接洽客戶的過程中總是需要一點時間來讓互動氣氛可以融洽一點，也需要在最短的時間來取得對方的信任，或對客戶的了解程度。此時有著親和力十足特質的業務，會非常容易上手。

「甚麼都敢問，因為我是來解決你購屋問題的專家。你生病去找醫生時會隱瞞或呼弄他嗎？」

這是一個心態問題，時常受限於個人的性格，許多人臉皮薄總是在銷售過程中拘束，不敢勇於打破砂鍋問到底，怕被拒絕，怕被嫌棄，怕被打槍。但你越怕，其實就越難成交。

如果是首購型的產品，不可否認現今首購素質與十年前的首購客落差頗大，例如：

以為只要數十萬現金就能買房。

不會看圖，講了半天，還是不懂。

聽信網路之言當神話，缺乏自行判斷能力。

懶於做功課都靠聽說或訛言。

明明想跟父母拿錢卻無能去面對與解決。

因負面市場資訊洗腦缺乏勇氣但又想買房。

關於房子或購屋的基本常識嚴重缺乏。

眼高手低的專家。

自以為是的主觀，用錯的觀念來刷存在感。

沒有信用，不知誠信是何物，甚至無恥。

因應景氣，現在市場主流幾乎都是首購產品，相對這些畫面也是大家所熟悉且共同面臨到的問題。

當然不是以偏概全，只能說發生類似此情景的比例相當高，身為第一線就必須不斷地去解決這些狀況。

眼高手低一直都是消費者的權利，沒有人想被看不起或喜歡被設定成一種買不起的對象。

所以眼高手低的態度有時是種保護自己的行為，雖然通常多半是沒有實際做買房相關的研究功課或是不知道自己的消費方向，但這樣的反應其實是令人反感厭惡的。

但也沒必要失去耐心般的氣憤，因為客戶都是需要被教育或引導的。時代變遷也直接性影響這些首購族的人生觀與價值觀，不比以往的成熟堅強善思考，需要很多的語言與耐心去說服，才有那麼一丁點成交的機會與可能性。

甚麼是眼高手低：

1.我想找蛋黃區，蛋白價。

2.你們雖然符合我預算，但東西太爛了。

3.地點這麼偏為什麼還這麼貴。

4.自備不足但我想看大坪數。

5.年收有限但我要一次到位。

6.父母不資助但他們叫我要買透天。

7.看了十年我還是覺得貴，而且越來越貴。

眼高，代表著自己的理想目標很遠大。

手低，代表著自己尚未有能力去負擔。

組合起來就是＝「我口袋只有10元但我想吃牛排，你不讓我吃10元的牛排是你們的

問題不是我的問題，休想看不起我不然讓你們上爆料公社。」

假使有對自我正確價值觀的建立，或是有個正常的邏輯，應該會很容易去鎖定自己的需求方向與購屋理念，你不一定要聽業務的，但必須要理解現實。

因為只有去腳踏實地真正的面對它，你才有機會「有房」，半瓶子調調響叮噹，越是空殼子，嘴巴講的跟腦袋想的就越不切實際。

假設你要買的是中古屋，如果你能跳過仲介找到屋主的話，那麼有可能省下服務費。

假設你要買的是新房子，如果你能跳過銷售找到業主的話，那麼也不可能比較便宜。

消費者容易搞錯的一件事：

房屋持有人，屋主，並不是生意人。

建設公司，賣方業主，是完全的生意人。

生意人，就是要賺錢。

在我們第一線的經驗之中，所有跳過銷售而找老闆或找關係買到的價錢，都是最貴的。

而業績，當然也是算銷售的，基本上你根本省不到你所想省的，也不會因此撿到便宜。

為什麼呢？

因為這是在「做生意」，你以為跟老闆很熟就能賠本給你？或是不賺你錢？那就大錯特錯了。

更何況老闆的一口價，你敢在殺嗎？你好意思嫌貴嗎？

在代銷的立場之中：

有些業主會為了省下服務費而選擇自售。

但中間存在著一些消費者自以為天真的誤會，認為建商自售「一定比較便宜」，因為不用給代銷服務費。

事實上建商自售並不會折下這些銷售成本到房價中，反而是與市場同行情甚至更高。

為什麼呢，因為這也是在做生意，是建商想自己賺那銷售成本，而非讓利。

消費者的迷思存在著太多的「自以為是」，而很多實例可以看到他們因此吃虧而不自覺，其實拿掉主觀與先入為主的立場對立，多點信任，少點人性。

其實買房子可以很單純也很愉快。

為什麼要置產：

舉個例子：A與B同時繼承了相同價值的兩筆土地。

A把此地賣掉換取了經營公司所需要的資本，含辛茹苦且戰戰兢兢的終於在若干年後得到了成功的事業。

B沒有把此地賣掉，而是把土地一直放到了若干年後，但諷刺的是，這塊地最後的價值與賣掉所賺的錢，竟然超過了A事業的總產值，但B卻不用承擔A經營公司時所經歷的辛勞與壓力。

承前所提到過的，在現今台灣的創業失敗率高達99％，如果你拿存下或借來的資金拿去開公司，五年內能持續生存不蝕本的機率是不到1％。

可若你是拿去買不動產，幾乎是穩賺不賠。

而台灣的企業主與富豪榜上其實多數都是大地主，而非真正的實業家，除了少數如郭董這種世界級的大老闆之外，其他企業老闆們的財富通常都是輸給這些大地主的。

而這些資產家們到底有多富有呢？

在一些黃金地段上的店面或土地，只要租出去一年就是數百或數千萬的收入，根本不需要工作就能有高額的回饋，所以這些房東根本就不缺錢，即便租不出去也不願意降價，因為空租率對他們來說根本不值一提。

而在不少較為透明化或比較低調的大資產家們所擁有的財富幾乎根本是隱形的，如果實際去計算他們資產的租金收入，在去比對一下現在上市櫃公司的財報，就會發現在台灣資產多與價值高的人們所賺得錢是屌打一堆大老闆們的。

而當然不是每個人都有含金湯匙或中樂透的命。一間企業的成功必定經過草創與白

手起家的過程，相對要從一個無殼蝸牛到數十件以上的資產家也是必須要有從0到1踏入的過程。

可社會與經濟的現實面就是這樣，當你排斥它而不願意去接受去經營去瞭解去踏出這一步。

你就永遠只能去怪那些有錢人一直在炒房炒到你買不起。

同理，如果你不認真的去工作。

你就永遠只能去怪那些老闆們一直在壓榨員工不加你薪水。

買房子要問神，是一個無敵的理由。

沒有人會不尊重這樣的需求。

同時大部分業務也會放棄關於這點上的說服。

但我不能接受，所以開始試著著眼這樣的觀念問題與客戶輕鬆聊著這樣的心態。

其實說穿了，基本就是信心的問題。

對於現況經濟環境以及個人購屋心理素質並不具有很堅定的想法。看似有需求卻好似怎樣都可以與無所謂。

問神，就成了一個很好的依賴，雖然這也是個真切實際的宗教與信仰。但談過深入後，卻發現，其實也並沒有到非得遵從神明的答案不可。也很單純只是個尊重的過程罷了。

說來也是，在那個買房跟買菜一樣隨便的那幾年，幾千組客戶下來鮮少遇到說要問神的。

想來也是，房子都用搶的用排的，誰再問阿。能買不買到都是大問題。

椰林排隊，昌益秒殺，怎又不用問了呢？

市場終歸是現實的，血淋淋的，尤其對於剛性需求的自住客們。

信心都是最後阻擋自己的最後一道牆，其他所有的藉口，都只是矛盾的理由。

於是將心比心細想了身處置地的狀況，奇怪的是，為何平時自己的決定、消費、伴

侶、結婚、生子、工作。怎麼不會有事事問神的需求呢？

說開了，人性的慾望永遠大過於對無形的崇拜，最少對大部分的人來講是如此。

心安了，是甚麼原因讓自己有了信心與堅決，都不重要。

也許某人的一句話，也許一個聖筊，也許一個支持，也許一個肯定。就能讓自己鼓起勇氣決定下去。

買房、永遠都不是壞事。購屋、永遠都不複雜。置產、永遠都不難。

壞的，是在自己的認知。複雜的，是在自己想太多。難的，是在自己的心理素質。

喜歡，就買。不喜歡，就別買。很簡單吧！

我能明白，消費通常都是要便宜又大碗的心態。

但在不動產上面，我們卻要假裝自己的產品是整個市場最便宜又最大碗。

真相是什麼？

有地段好，然後價錢又低的嗎？

有品牌好，然後價錢又低的嗎？

有建材好，然後價錢又低的嗎？

這是一個極其簡單的邏輯。

當所有條件都好的時候，最大的缺點就是貴！

當所有條件都差的時候，最大的優點就是俗！

可又有多少消費者帶著客觀及正確的概念來看屋呢？

很少，景氣不好之時，更少。

有多少人，嫌小、嫌貴、嫌東嫌西。

沒錯，嫌貨人才是買貨人，但你身上現金只有不過百萬的自備款，到底有什麼資格來挑貨呢？是否能有買得起才有選擇權的觀念呢？

其實不然，當人們發現現實面的時候，嫌，只是成了一種拒絕的藉口。

時間，是證明不動產價值最有力的條件，同時也是證明自己眼光與決定最現實的維度。

然而，也是證明自己越來越魯的事實。

我們尊重任何想買房子的客戶，即便買不起，但那種不尊重專業的客戶，可就不值得被尊重了。

多少客戶走後成了同事之間的話柄，客戶永遠不得而知，相對的，多少懂得與有眼光的客戶走後成了同事之間的讚許，客戶也永遠不知道。

買與沒買，也許沒那麼現實，但眼高手低，卻是消費通病。

肆／賣方觀念

銷售方的心情
與技巧

對客戶的
責任。

做業務的，難免在現實與服務之中掙扎，如同心中的天使與惡魔的交戰。

天使所代表的是要你好好完善整個業務與服務流程。

惡魔也引導著你見好就收不要去做跟利益無關的事。

在買賣過程中始終要能保持自己的職業原則並不容易。

做業務的主動機就是賺錢，做業務所投入的一切就是業績，做業務所付出的大小行動就是要回報。

最好手到擒來的那種，最好是不勞而獲的那種。

而許多人們卻也忘記了這個行業的初衷與收入源頭是甚麼？

客戶們，永遠都是我們的衣食父母。

如果你忘了怎麼樣的服務心情去對待你的老闆們，那業績肯定不會好到哪去，尤以在現代資訊這麼普及的市場。

你的不好、傲慢、怠惰、現實、說謊、油條、不老實、沒責任感，肯定壞事會幫你傳千里。

相同的，你的好，也會隨著時間儲存在雲端中。

有想過你是扛著自己的招牌，還是公司或產品的招牌呢？

客戶究竟是跟你買單，還是跟產品買單呢？

如果是前者，那麼你會是個受肯定與歡迎的業務，客戶關係不會太差。

如果是後者，那麼你得認清事實你的服務很失敗，客戶是看貨不認人。

回思一下：

當客戶表態他沒有錢買不起時，你怎麼看待他？

當簽約完成獎金入袋後的服務，你怎麼面對他？

當客戶無理取鬧的予取予求時，你怎麼應對他？

當客戶高著姿態花錢是老大時，你怎麼服務他？

心裏面總是有無數循環的呢喃低語，也總會有很多心情上的不愉悅，但在職業這條原則上，你能完成多少的態度與道德？

誰說業務精神跟服務精神是不同路？

這兩件事情永遠是相關聯的，如果你沒有服務的初心、耐心、同理心，在現代的客戶裡，你是得不到他們的認同。

那麼客戶現不現實呢？

在這個沒有買賣忠誠度的行業裡，尤其在預售屋之中，要能讓客戶記得你，是很具有難度的。

一年後，他們還能認得出你嗎？

二年後，他們還記得你姓啥嗎？

三年後，他們還知道跟誰買嗎？

哪個客戶不現實，房子買完之後會主動找你的，大多沒好事，不是要履行自認為的權益不然就是要你協助解決後續問題，很少會來跟你寒暄問你近來好嗎？

同理，當你主動找客戶的時候，不也是有建案想找人買房子做業績時，才會連絡的嗎？

當你對客戶現實時，別忘了對方也會這麼對你的。

吃虧是正常的，因為業務是一條長遠的路，是一條需要透過時間讓人們知道你是個甚麼樣的業務。

信任沒有這麼好累積的。

當然對客戶的責任也是。

不要只著重在眼下的利益，不要只考量著有多少回報在想自己要不要付出與行動。

很多好處是無形的，這樣的人際關係鏈，並非一兩個小時、幾天幾周就能建立起來，甚至要耗費幾年才能打好一點基礎。

也許會有人笑你傻、說你愚。

但如果你真的嚴格遵守自己的原則，時間總是會給你最大的回饋與果實，市場也不會埋沒你的所有付出。

你會怎麼對待親友，就怎麼對待客戶。

不是對任何人交代，是對自己的負責。

不是做給任何人看，是完善業務精神。

不是在為利益做事，是堅持職業態度。

「自己的招牌自己扛。」

在怎麼強力的廣告、包裝、技巧、話術，都不會比口耳相傳的威力還要強大。

不要執著於自己能有多少塑造表面與假象的能力。

不要固執於自己能有多少說服客戶與洗腦的口才。

要做好口碑這件事，必須先從基礎務實開始。

如果沒有讓人們有好的體驗與感受，他們又要如何幫你推廣呢？

現在是一個品牌力大過於一切的行銷時代，與其專研著要怎麼去呈現那種過度浮誇與虛無飄渺的美景藍圖。

不如眼下就立馬改變服務的態度吧。

口碑，需要時間去經營，它是一種改變，一種徹頭到尾的不同。

轉型，需要決心去挑戰，它是一種昇華，一種完全執行的堅定。

欣賞著那些成就於以往不同的建商品牌，成功不是沒有道理，要可以令消費者與市場有高度黏著的關心，能深入買方與已購客心裏產生感動與共鳴，是非常不容易的。

有些人以為只要靠一些厲害的企畫，很會賣的代銷，就能夠順利改觀市場大眾所貼的標籤，這是一種錯誤心態。

可曾想過今天你得罪過的買方，他可是會十倍百倍的幫你放大你的疏忽與傲慢。

可曾想過昨天你懶得解釋與不耐服務的過程，他會永遠把你的態度記在心裏面。

很多建商都會抱著這些心情來與客戶周旋：

要就配合不然你想怎樣。

你們這些人全都是奧客。

就你們問題跟麻煩最多。

趕快驗屋趕快撥款交屋。

你們甚麼都不懂還裝懂。

到底是你工務還我工務。

口碑有正面的傳播，也有負面的擴散。

如流行病毒般的迅速傳遞，好事總是不出門，醜事總會傳千里。

可建設公司會有那種誠意去細心瞭解體會嗎？

少數，大多關心的是成本、利潤、與業績。

但也有不少建商開始發現到品牌力的重要性，也遠見到這是未來不可或缺的經營策略與方向，也是長久生計之道。

從本至末，由上到小的轉變，是需要不少代價的，也是成本。但若能真心重視與投入，未來的回收效益最少是數以倍計。

如果真的在乎客戶的感受，就先假設自己是公司的客戶吧。

你花了這麼多的錢，下定了這種信任心交付於自己所營造出來的產品，你可以接受目前公司所給予的交驗屋過程，或是後續的售後服務嗎？

你能不負眾望，給自己一個滿分的體驗嗎？

你會願意為公司所經營的一切而傳遞這種美好與渲染嗎？

你會真心推薦他人這是一個值得驕傲的選擇嗎？

客觀來看，有好的建商不一定有好的服務單位。

有好的服務不見得有個專業的工務團隊。

有專業的工務又不一定有好的待客態度。

有不錯的待客熱忱又不見得是家好建商。

所以品牌力為何對不動產界總是這麼難以見曉，這麼難得，也為什麼總是可以令消費者對某些建商趨之若鶩。

因為難得可貴。

本質正派的建商組織。

態度熱忱的服務單位。

專業紮實的工務團隊。

耐心有禮的待客精神。

溫文儒雅的做事法則。

務實誠懇的銷售方式。

深度內涵的廣告包裝。

如此還有那麼一點機會讓客戶感動。

反之這就只是一次性的買賣與生意。

沒有品牌，很難永續經營與細水長流。

沒有品牌，就是要花很多錢來砸廣告。

沒有品牌，買方的信任總是有些距離。

創造口碑不是打嘴砲，而是從自身開始改變。

蓋房子不是只顧賺錢，而是從累積粉絲開始。

業務技巧，難道只有強銷或話術，才能成交嗎？

老一派的人，都相當注重業務能力，甚至認為沒有這種可以將客戶逼出答案的態勢，都是不及格的。

就像是推銷員、就像是電視購物的介紹人、就像是在夜市擺攤話玲瓏的老闆。

賣就對了，不用管那麼多，想辦法把產品銷售出去是唯一任務，客戶的觀感及其他的一切都不重要，沒有業績，就沒有產值與價值。

但，也不知怎麼的，這樣的方式卻漸漸不被客戶所接受，明明從前可以一招打天下的銷售法，卻開始頻頻碰壁，到底是甚麼環節出了問題。

這種傳統銷售觀念也是很好的業務基礎理論，為什麼師傅引進門的絕招，現在這麼做似乎是自己把客戶距於門外。

我想，應該是時代的轉動，讓你我也都開始改變了不同的消費模式、心態、觀念、感受與想法。

看房子的人都聰明了，買房子的人也都精明了。

客戶開始要的不是那種很厲害的嘴，而是可以溝通的距離。

說故事，變成是一種既簡單又容易上手，且易懂又能讓客戶感同身受的一種最佳方式。

故事，有假有真，有加油添醋的史實改編，有從時事延伸出來的假設性劇本。

故事，你就是個編劇，也是個導演，所講出來的是那種可以讓人聽的津津有味，又能令客戶去思考正確的方向，或是能牽動他們發生過的實際狀況，進而就很容易可以拉近距離，聊得更多，談得更深。

平常沒事，就好好想一些故事吧。

好好收集一些可以創造的主題，令自己是一個說故事的專家，這樣的銷售方法，比傳統的強銷模式來得更為有效，你既不是說教的老師，也不是個要強迫對方必須要改變想法的社會前輩，人們反感被強逼與掌控。

現在的客戶最討厭聽到的業務說詞是：

我建議你、你聽我的就對了、我跟你保證、我很有資歷你聽我講、你會後悔、現買現賺、買後賺幾倍。

一種主觀與過度誇張的說詞，並非無用。

而是現代人聽不進去，既然你的話沒法深入人心，又何必講出口呢。

講就對了、說就對了，但那些代表著你業務形象的強勢語言，反而把客戶對你的信任推得更遠了。

如果無法讓買方是相信你的，業務技巧在高都枉然，因為你只能騙到在市場上已經相當稀少的傻子小魚而已。

故事，一種強者我朋友的概念：

把曾經聽到客戶所談論到的狀況，與現在房市買方最常遇到的問題，或是與產品相關上的抗性，一切的一切，都可以用故事來扭轉回來，而且是柔性的，是有說服力的。

每個人都不想聽「你」要說甚麼改變我想法的話。

但人們都會想聽些有趣的故事經驗來參考他人的做法，也許可以試著學習改變不同的思考模式。

因為每個人都渴望著可以因為自己的決定而成就未來的某些事，每個人都希望能成為別人口中闡述正面故事中的那個主角。

以前，業務總是以剛制柔，以強勢壓引弱勢。

現在，業務需要以柔克剛，以弱勢牽引強勢。

我們變，不是自己要變，而是市場與環境改變，不得不變。

人生唯一的不變，就是變。

否則，時間會以極快的速度將你徹底淘汰與摧毀。

這兩者是個極端的矛盾。

老實意味著坦誠於在銷售上的所有細節，把不該講的全部都呈獻給買方，把缺點都灌注給消費者，那麼客戶會因此成交嗎？

理論上很難，這是違反人性邏輯，如同一對情侶剛交往前，又有誰會先暴露所有自己的黑暗面與不堪的過去或缺點，來爭取眼前這個有好感的對象呢？

老實，其實也是一種話術與技巧。

務實與老實，也完全不在同一水平上。有主動的坦白，也有被動的坦誠。

但若一昧的認為將你的產品缺點脫光，客戶會因為你的誠實而購買，這機率堪比中樂透一樣。而且這麼做也大大有失於你做業務的初衷與精神。其實是很不妥當的。

那麼業務這兩個字，唯一且主要的任務就是成交，成功的買賣於你代表的產品，也許有些人是不擇手段，也有更多人是正派實力，但身為業務，若不能成交，再老實你都是零產值，講難聽點就是乾領薪水坐等不勞而獲的廢物。

所以不會賣東西，其實你不適合踏入所謂業務工作的領域之中。

那業務就代表不老實嗎？

這也不對，因為正派的做法是不會將黑的說成白的，也不會隱瞞重要資訊，做那些後續會有很多麻煩的言行，這樣只是給自己更多困擾而已。要成交，就是心甘情願的買賣與銷售，一段完整且專業的交易與服務過程，而非那種誘拐引騙，那一點意義都沒有。

業務是一個語言魔術家，善於包裝、闡述優點、精於分析比較、給予適合買方的建議、避重就輕。

所有的產品與各種條件，有它的優點自然就有缺點，沒有一項是十全完美的，而業

務就是要抓出每一方面的優勢來銷售，而在其背後的缺點來做美化，令客戶感受優點價值遠大於缺點的存在，但不會刻意去逃避那些不好的抗性與負面，更不會為了老實二字在銷售那些缺點。

一個老實人，能做好業務嗎？

可以，一個老江湖的經驗底子，一定知道甚麼事甚麼時候該老實，甚麼時候不能老實。

但他還算是老實人嗎？

是，只不過他的工作是業務。

所以老實是每一個人的選擇，可能是天生的個性使然，也可能是後天的渾然自成。

但業務是一個職業與工作。

請不要把老實當成是你的職業，這樣你會在業務世界裡一敗塗地。

也不用害怕客戶會厭惡業務員，因為我們的工作就是協助買方能順利且開心愉悅的買到自己喜歡的房子，我們賣的與做的事情是光明正大且是幫助人的，是專業、也是一種神聖的責任與職業義務跟道德。

你可以跟客戶做朋友，但不見得客戶會願意跟你做朋友。

你可以做個老實人，但不見得客戶會相信你的老實，而且我想你不會想聽到一句話是：

「你很老實，謝謝你，但我不會考慮購買」。

身為業務，我會比較希望聽到的是：

「跟你買房子我很高興，而且你很務實值得信任」。

專業是
甚麼。

複雜的事情簡單做，你就是專家。

簡單的事情重複做，你就是行家。

重複的事情用心做，你就是贏家。

雖然這是馬雲講的，但若不是出於馬雲的嘴，還能是段名言嗎？

術業專攻在於某個領域裡的紮實基礎，而這也是許多人缺乏也難於鞏固的地方。

複雜的事情怎麼簡單做呢？

如何化繁為簡，講的是效率與透徹，專業需要的並不只是經驗與學以致用，而是更完善全能的解決所有的問題。

簡單的事情有辦法一直不間斷的重複做嗎？

基礎最困難的就是土法煉鋼，最有效的也是熟能生巧，怎麼個煉法熟法，就是在甚麼都還不懂的時候拼命努力且耐煩的重覆循環，磨到了一定程度就會有另外一種領悟出現，也能體會到無論是專家行家贏家，都是必須繼而不斷地持續的磨再磨。

又有多少新鮮人願意過這一關呢？

重複的事情還不能隨便馬虎帶過，能更用心嗎？

往往這些相同的工作總是令人乏味無趣，久了就開始馬虎帶過，如何在這種無聊的事上不停的用心做，更是一種耐人尋味的學問。

專業到甚麼程度才夠？

專業到成為大師夠了？

成長是無限的，沒人可以阻止自己的步伐。

但如果因為水杯滿了，就很難可以再倒水進去，即便已經是個大師，似乎也沒有停止成長的那一天。

肆、賣方觀念

專業代表收入嗎？

並不是，專業能力的高低不見得等同賺錢能力，但若沒有專業的技能，想要保持一席之地，是難上加難。

那自以為是的專業是專業嗎？

更不是，專業領域的深度幾乎無所止盡，惟有自卑與狹隘的人們才會靠嘴巴來示威自己的專業或經驗。

真正的高手從來都不會認為自己已經夠了，足了。

即使做了一輩子相同的事情，也不會有人可以達到所謂的終點，停止成長的終點。

「我吃的鹽，比你走的路還多」，耳熟能詳的一句話，但真若如此，應該早就鹹死了吧。

這個世代比的已經不是經歷驗，也不是比誰混得久。

而是誰可以比專業更專業，未來肯定還會再更專業。

當中國十大富豪的平均年齡已比台灣少上一輪，財富卻多上好幾輪時，其實已經證明老而不見得彌堅，少而不見得是不堪一擊。

比的是學習與成長，比的是新一代與下世代可以符合市場的專業能力。

做代銷工作,講難聽點是炒房推手,說好聽點是美化未來。有些同業工作者不願意去訴說並不確定的未來環境與發展,或是也有無法去預估後市可能性的能力。

但如果只是賣現況,真的很難令人有憧憬。

預售屋,賣的是未來的「藍圖」。

即便是新成屋,賣的也加減是點對以後的「預期」。

我們生活所處的城市,每個人都想著如何可以更進步,如何生活能更便利,當然最重要的是有著以後想賣房子的時候有增值的條件。

我們可以多點吸引力法則,把講出去的話就當成是一種必定會發生的信念,這樣的說服力就會很充足。

但若只是銷售眼前有的環境,又何必代銷或業務來包裝呢?

甚至原住地的老鄰居都比你還熟,難道叫他們來賣房子嗎?

所以收集市場上的第一線消息是很重要的工作,早期資訊不發達的時候,現場依賴的是報章雜誌,只要有可以拿出來介紹的利多,絕不放過。

再者就是依照自己的經驗與專業判斷預測可能會有些甚麼商家或企業品牌會進駐在同區的生活環境內。

最後就是靠點人脈所傳遞的內線消息來發揚光大,有的時候這些輔銷工具就是促成最後完銷的關鍵,因為多了那幾戶或幾成,就這樣臨門一腳踢進去了。

而當介紹過程中所累積的客戶,你也難保他們會不會因為聽到了這樣的可能性,而自己跑去開店或投資相關性生意。在時間的推移下,這些環環相扣而造成未來事實的發生機率是相當高的。

舉個例:

這邊以後就是7-11、

這邊以後就是頂好全聯、

這邊以後就是麥當勞、

這邊以後就是星巴克、

這邊以後就是影城、

這邊以後就是捷運站、

雖然沒有確切證據，但就是要講的一定會開。

補風就要會捉影，見縫就是要插針。

邏輯是這樣，真的都開了，真的都完美了。

「你還能用現在這個價錢買到嗎？」

「我會用這個價錢來接到案子嗎？」

投入在未來藍圖上的銷售，也意味著就是因為現在還看不到所以售價合理，不然95年的竹北喜來登旁邊，也不過才14-15萬一坪。

現在多少錢呢？

未來多少錢呢？

別傻了，我們不是欺瞞。

我們是專業的評估與分析，最後再銷售。

而此，就是包裝！

而且，要闡述精闢入裡，煞有其事。

因為，築夢就是我們的工作。

我們是代銷公司，我們是專業的業務人員與第一線。

我們不是解說員。

代銷業務，需要專業，但不用全部拿出來。

客戶。這稱謂很矛盾。

以客為尊嗎？

也許是，但那只是必須給客戶的感受而已，因為我們是服務業。

曾經聽過消費者或者在網路上的言論強調：業務的話能聽屎都能吃。

但事實是：客戶的話能聽，屎已經可以吃下去了。

買方的立場，始終與賣方是對立的。永遠沒有對與錯，只有桌面上的談判而已。

當買方拒絕你的時候，當買方後悔的時候。

相信我，甚麼鬼扯淡都出得來。

身為消費者時，別在清高的認為賣方都非你的錢不賺，非你的業績不做。今天你沒買，賣方也不會倒，業務也不會餓死。也別自以為是的把網路或親友上的那些皮毛當作專業。如同沒有業務員會跟你賣弄你工作領域上的專精一樣意思。

那為何客戶時常會有這樣的言行呢？

因為怕被看不起，因為怕業務會過濾他，因為怕被騙。

但其實根本不需要那麼複雜。

很有感慨的是，當資訊越趨透明、發達，科技進步所帶來的，並不是人情味與智商的提升。而是帶來更多人與人之間的隔閡。

從銷售第一線就能非常明顯的感受所謂的「十年之差」。

甚至即便是已購客，也都會發生類似案例。

所以現在做業務第一線上的服務，溝通技巧、邏輯、耐性、聰明的手法，就比過去更為重要。

不是騙，不是瞞，不是呼弄過去。

是徹底解決問題。

也因為資訊上太過度的氾濫，以致人們難以分辨真假。

相信名嘴，相信網友，相信一堆來路不明的陌生訊息。

而自己卻少以做功課。最近連最會唱空的張教授不也投資不動產嗎？

所有的訊息都會有因果，名嘴是神嗎？

一張嘴能左右經濟嗎？一張嘴能左右房市嗎？

不見得要相信服務你的業務，但請你要相信「專業」。

包裝底下的基礎，是專業程度的累積，如果你越喜歡，也代表著賣方是很有一套的，而那並不是請君入甕，是極專業的售屋代表，是值得託付與信任的。

畢竟身為市場的第一線，同時也是肩負景氣好壞的任務。假設全部的從業人員都是TOP 1，那景氣要壞也難。假設全部的市場賣方都是包裝操作高手，那景氣要差也有限。如果能讓成交率是百分百，那麼經濟要慘淡也是空談。

此篇，是想告訴正在看屋準備買房的你。

不要以為花錢是老大，服務你是尊重職業，是精神。

不要以為賣方是騙子，比起買方反悔時的虛偽，整個市場被客戶騙的業務遠多過於會騙買方的賣方。

不要以為你得來的資訊很穩當，比起人與人直接面對面的對談，這才是真正的誠意與專業，網路世界充斥50%的假象。

不要以為你的多疑是自保，賣方還怕你會繳不起呢。信任永遠是雙方的，不是單向的，當賣方相信你的時候，請你也相信賣方吧。

變態與
犯賤。

消費者變態？還是業務比較變態？

消費者犯賤？還是業務比較犯賤？

有聽過「業務的話能聽屎都能吃」

我卻說「客戶的話能聽屎都能吃」

20年前的首購，如今都已50歲了。

10年前的首購，如今也都40歲了。

現在的首購，比上每十年一輪的變化，真是一代不如一代，有水準的好客戶，比例也越來越少了。

當自己是消費者時，只要不是太誇張的業務手法，基本都能將心比心，畢竟每個行業都有其辛苦之道，尤其服務業。

而現在的消費者，觀念、態度、禮貌、邏輯、動機，都相當奇怪，雖然在業務的眼中本該就一視同仁，但在客戶的眼中，似乎業務或服務業就是一個不需要受基本尊重與該死的行業。

感慨在網路資訊發達的時代與世界中，少了很多人情味，多上了不少距離感。在與消費者的溝通之中，也多上了許多對方的謊言、胡扯、不恭、與傲慢，尤為年輕人比例最高，似乎都忘記了人與人基本的相處之道。

很有趣的是，大多數的人都認為這是種理所當然。

說故事的行銷方式，含沙射影般的直搗黃龍，默默試著戳中對方心裡想的，半引導與教育的方式已經是現在對待首購族的基本流程之一。

缺乏這樣的認知，就看到一堆消費者端的天方夜譚與無知，究竟市場買方這樣的自以為，會對自己的人生與購屋有幫助嗎？很難！

無論買方有著怎樣的態度，這世界上永遠不會有真正俗閣大碗的產品，即便有，也輪不到你和我。

同時，能取得現在消費者的認同度，成交率就越高。而不能接納這些桀傲不遜態度的買方，成交距離就越遠，平衡起來，就是如今售屋最需要技術面的課題。

報喜不報憂，似乎是不動產圈的日常。

顯而易見，首重表面功夫是入門之道，願意分享真實資訊的少之又少。

資訊發達的時代，對於保密更要求極致，這是一個沒有可以分享機密彈性的世界，能取得資訊先機的，通常都能提早嗅覺市場發展，當然更沒有人能真正地保密你的資訊內容，除非你刻意且技巧性有目的性的散播訊息。

報喜：正常不過，也是廢話問答，當你問對方賣得好嗎？膝蓋也能告訴你千遍一律的答案。

何時才能有深入一點的對談？

何時才能有客觀談天的內涵？

何時才能有真實交流的互通？

期待在漸漸世代交替的圈子有更多不同於傳統範疇的同業交往。

世界越大，心則慢。

框架越大，心則散。

步伐越大，心則亂。

拍馬屁 ≠ 會說話。抱大腿 ≠ 會做人。

亂世之中生存更需要走屬於自己的那條道。

表面話講多了，自然就更空了。

表面事做多了，自然就更虛了。

認清自己的價值，看清自己的方向。

未來，充滿內涵務實者為王道。

一張桌子：一個戲子，一個瘋子，一個傻子。

一場戰爭僅在一張桌上，勝負輸贏也都在這桌子上。

一個戲子：客戶如觀眾，業務如主角兼導演，怎麼演，觀眾就怎麼看，一切全都拿捏在劇本之中。觀眾云云，各種角色都有，每場戲都根據不同種類的群眾來設定。演得好，成交業績就是最佳男主角般的肯定，演得不好，提早散場也是客戶最常見的拿手好戲。

一個瘋子：什麼都敢賣，什麼都敢講，什麼都敢做。能成交，跪著哭著都是贏家。瘋子無懼任何種類的話題與手法，上了桌，始終只有一個目的。沒成交、別想走。沒喜歡、別想逃。沒感覺、別想跑。瘋子能一針見血，同時能收放自如，永遠都是你買得最便宜。

一個傻子：先誠實，再成交？反了，先成交，再誠實。逆人性可用做反向銷售法，卻無法真正能有挑戰真實人性的能耐。老實，傻瓜，是打從心裡所建設的局。如果不能讓你感覺到我的誠意、認真、懇切、老實、殷勤，那麼你就永遠無法卸下心防。對客戶來說，我永遠都是先誠實、很誠實、然後再成交。

戲子、瘋子、傻子，各有千秋，各有優缺，但無論如何，上了戰場就是要殺敵。能戲、敢瘋、夠傻，就無所匹敵，業績如雲。

現場能力堪比內功心法，廣告策略是外功招式。

廣告能否帶來穩定來客，是代銷主事的任務，而來客能否成交，則是現場業務的責任。

假若不能帶來客量，則內力在強也枉然。

但若業務能力不專，則外功在猛也白費。

在時代變遷之下，在一例一休茶毒之下，在景氣頹靡的環境下。案量與業務人力量早已不成正比，是僧超級多粥非常少的尷尬期，同時市場買氣量萎靡不振，此時還能保有業務魂的人，又還存下多少呢？

業務，除了能力技巧之外，最重要的是心理素質，能否有背水一戰的覺悟，是否有對業績的強烈企圖心，可否有對工作態度與基本動作的自我要求，堅持且持續性的熱情，是突破瓶頸的關鍵。

運氣，也許重要，也許不重要，但徒等好運，可能無法解決問題，無法平衡心情，只會惡性循環。

不能讓時間白費在累積經驗上，不如把時間投入在自身內涵成長學習上，不動產所需要的條件與元素，太過廣大，太過複雜，業務是沒有底限的工作，同時也是沒有專門師傅的教育與訓練，一切都只能靠自己。

也許時常自問我明明很認真在介紹了，很努力在經營了，為什麼離成交總是不得其

門而入呢？

因為相由心生。

因為固步自封。

因為堅持己見。

因為選擇太多。

這案不好，那案不好，這客不對，那客太鳥。

其實大家所面臨到的問題都是一樣的，只在於生存這磨刀期我能撈上多少其他同行所不能成交的業績，這是成就，也是榮耀。

有甜甜的禮物嗎？此心態等同於客戶想買甜甜的標的。

即便有，也輪不到你。這樣想，也許自己可以更拼一些。

80％的人在業務路程上有80％的時間在低潮。

20％的人在業務路程上有80％的時間在高潮。

8/2法則很妙也很現實。

同時，僅這20％的人在分配80％市場上的業績。

同時，僅這20％的人在心態想法上，是那80％人所辦不到也無法理解的。

不是改運改環境改產品。

而是改心態改觀念改方法。

來吧，讓業務魂再次燃起那稍縱即逝的小宇宙吧！

伍／業內競則

關於行業制度與
廣告行銷策略心得

只有同業才知道的術語：

個獎為業績的多少比例是自己實拿的獎金。

有的7成、8成、9成，或全個。

團獎為業績的多少比例抽出全員均分獎金。

有的1成、2成、3成，或全團。

打團的存在意義，傳統是為了鞏固現場業務狼性不要太自私，必須互相支援協助，而給予的一種公平制度。

不動產業務為了競爭業績廝殺、不愉快、謾罵爭執，類似的案例不絕於耳，而在此遊戲規則上，也慢慢演變成為現在跑單在應徵上的一種很重要的考量福利。

團獎一直以來也是個很爭議的存在。

有的業務不太清楚的還以為是業績獎金公式外增加的福利，其實它都存在於並內扣掉你的業績。

而聰明的人也發現其中的不公平。

團獎是從每個人的銷售業績中固定比例抽出後總結在平均分配於案場人頭。

換言之，賣得越好就被抽的越多。

產值越差的人，分得到的也就跟著增加。

這其實相當不符合狼性制度設定的競爭原則。

因為前段班的人要養後段班，意味著吊車尾的可以不用努力就有錢分，甚至整體業績表現優異的話，表現越差者通常越能「白領」很多自己怎麼算也算不出來的獎金。

但傳統的觀念是認為以此來保留那些後段班的人事，避免賺不到錢的人就馬上會離

開。

可是，如果業務沒有業績表現，也代表無法帶給公司與個案產值，留下又要幹嘛呢？豈不矛盾。

而透過時間的演進，知道細節的人會發現，個獎越低的場子，越不划算，尤其對那些很會衝的跑單而言，她們可是相當在意個獎的比例。

也就是說，團獎越高，銷售高手就會越少。

所以堅持傳統，反而會本末倒置的刺激前段班的人離開。

當然也有不少案例是全打團的模式。

通常都是建商自聘的場子比較多，而且都是高品牌性，講難聽點就是賣方認為自己的產品與市場定位價值，不用需要太多業務的助力，並把她們當作只是協助自己銷售過程的單位而已，當然獎金也就不用太高，因為這類型的建案都很好賣。

好賣到請工讀生來也行。

所以通常會發現全打團的業務素質基本較為普通。

而全團獎，也僅是為了控制全體業務的平均年收入而已。

對跑單而言，這方式很穩定，但不會有激情，久了，妳也只會「解說」此品牌的建案而已。

業務的世界很簡單，荒久必定糜爛。

在大自然界生存的動物王者，把它抓進動物園裡圈養。

餓了有人會丟食物給你，不需狩獵，不需適應環境提升自己，慢慢的你就會越來越沒有生存能力。

而在現代人事的大斷層中，案多人少是普遍現在各場各公司所面臨到同樣的難題。

獎金比例提升是必然的結論，剩下的只是怎樣的配套與輔助而已。

打團已經沒有太多的意義了，人人對案場的適應考驗頂多1～2季，沒有久留的打算，團獎只是加速大家離開的意願而已。

業務協助的部分也不再那麼困難，賣得多需要幫忙的，很簡單。

個獎100%時，那就規定幫忙做的一份合約書給500～1000元現金吧。

其他還有甚麼事情會成為非要打團的理由呢？？

別傻了，場子的引領者不是牧羊人。

你帶的是一群狼，沒有顧好不是互啃就是咬死你。

業務本身就是狼，沒有狼性就很難做好業務工作。

要適時的培養自己的狼性，那個對業績極度渴望與企圖心要征服一切的眼神，每早對著鏡子深深看看自己的眼睛。

瞧瞧自己的眼裡，你感覺到甚麼？

是一副得過且過的軟爛靈魂，還是如雄師撲兔般的堅毅懇切。

「團獎是用來培養兔子的」

廣告預算與
效果。

代銷業，人人都可做，有錢就行。

但同樣一件事，每個人做出的成果總是天地之差。

如同運動競技一般，都是跑步游泳，就是有人可以都是常勝軍，有人卻永遠是吊車
尾。

為什麼呢？

在於「細節」，而魔鬼總是出在細節裡。

每一個行業都是如此，誰能拘泥於在別人不在乎與容易被無視的地方，誰的成功率
就比較高。

這不是一個思考的問題，而是專注與用心的程度。

我們是行銷業，同時投資最大的部分是在於廣告費用。

那麼預算成本與效果，就是分出勝負的地方。

不見得砸得兇就賣得快，也不見得不花錢就是賺。

代銷業也面臨了世代交替的過程，不同的主張，也帶來了不同的分歧點。

有人認為：省錢就是王道，沒打廣告都能賣，何必多此預算，多省多賺，省越多利
潤越高。

有人認為：預算砸下去就對了，有多少花多少，把曝光來人拉到最上限值，才有機
會拼快。

兩者之極端，要取其平衡點，也是種考驗。

對代銷而言，的確廣告預算佔據了很大的利潤空間。

而行銷有這麼簡單嗎？

除了數字上的收支以外，廣告怎麼打，如何運用，怎麼判斷回收效益，以不變應萬

變，以動制靜，以變逸勞。

這是內含深度的技巧、經驗、歷練、以及思考與態度。

那就把錢用在刀口上吧。

去蕪存菁，將有效的發揚光大，加倍投資。

過濾無效，將沒用的預算轉移，多方嘗試。

廣告的效果又該如何判斷，綜觀同業，很多時候我們不能用主觀或個人好惡來看待成效。

有些人說RD有效，是因為他都在聽RD。

有些人說CF有效，是因為他常在看電視。

有些人說NP有效，是因為他有看報習慣。

有些人說FB有效，是因為他整天滑臉書。

有效沒效，有太多自我的意識去認定，而鮮少有力與客觀的根據來論證，這是其一。

再來現場業務有無極確實的課訓廣告內容與了解媒體分配，嚴格要求消費者所回饋的通路動機來源。

如果你的第一線都不知道自己案子打甚麼廣告，又如何探詢客戶是看到甚麼內容呢？

如果你的業務都不清楚到底有在使用哪些媒體，又如何紮實準確的分析平台效果呢？

這是其二。

世界在變，市場在變，客戶也在變。

你還不變，上也不變，下面也不變。

兩者之間的距離就越來越遠，相對成功率就非常低。

代銷的精華在於用最少的資源去放大倍數的成效。

以最少的成本投入去爭取最大的回收空間投報率。

為省而省，註定炒冷飯，消耗時間成本。

為花而花，註定浪費錢，徒增周轉風險。

子彈有限，打擊卻無限，把資源用在對的地方，是門功夫。

實事求是，不做人情帳，把進步的機會放在對的媒體平台上。

凡事都要有根據，善其事，就得要紮實。

效果不是靠張嘴，欲其益，就得要成績。

代銷最有趣的地方也在於此。

透過廣告與包裝、企畫與策略、行銷與設計，就能為一個案子注入靈魂，生命。

反之就容易成為一個四不像。

僅記，你怎麼看待它，客戶也就有怎樣的觀感。

一個建案的成功不在於它本身的CP值或性價比，而是在於代銷公司有多用心、專業、努力的去操作，也因此創造其在市場的定位與認同度。

不動產買賣當之無愧，畢竟金額這麼大，生手這麼多。

許多人的一生一次就注入在對房子的夢想與期待，當然在消費買賣上就充滿了許多無味雜陳的複雜內心戲。

賣房子的，就是要營造買方的購買衝動。

買房子的，就是不斷在這種購買慾循環。

講穿了，買東西後悔是人之常情，只是金額的問題而已。

多少的買賣糾紛，是建立在人性的現實上面。

為了要取回自己所付出的代價，無所不用其極，甚至旁門左道，令一個老實人頓時也變成了另外一張面貌。

說謊、設局、套證據、找幫手、尋求管道，就是打死不說一句：「抱歉，我後悔了。」

曾經遇過數不清的案例，消基會、消保官、公交會等等……

有人會用家人急重症般的詛咒來博取同情。

有人會說剛出意外需要臨時用錢爭取諒解。

有人會講生意失敗投資慘賠因此沒錢續買。

這些是比較先禮後兵，軟性的各種要求。

當然，都是假的。

有人會咬死說賣方業務使用詐術誘騙交易。

有人會找賣方廣告或銷售流程瑕疵喊被騙。

有人會框一套戲碼否認所有他當時的承諾。

這些是比較惱羞成怒，要找藉口推責任。

當然，都是理由。

有人會以威脅手段要求必須要無條件退錢。

有人會錄音來誘導出對他退訂有利的內容。

有人會找軍師幫手或是長輩等關係來施壓。

這些是比較蠻橫強勢，要站得住腳的退。

當然，就是要吵。

無論是哪一種方式、手段、模式，都無法掩飾自己的錯誤。

就是你反悔了，這麼簡單。

但要人們認錯，談何容易。

畢竟買方也怕賣方翻臉就把錢給扣住，所以用盡各種方式來搪塞自己的無恥，客氣時臉皮薄，翻臉時臉皮超厚。

後悔的真實狀況百百種。

看到更喜歡的、遇到被其他業務攔截的、面臨到不想去面對的其他壓力、突然改變了購屋計畫或想法、遭到反對、或是遇到各種無形的阻擾。

不過呢，有品的人總是會為自己的決定負責，即使心有遺憾，買了就是買了。

反之沒品的人，就看你是否也會有上述的行為。

在20年前，的確許多不動產買賣都是大魚吃小魚，消費者幾乎沒有任何的保障，也沒這些官方的單位或政府的強制規定來保護買方。

但時代真的不一樣了，現在這些單位都淪為是被買方利用的工具，而對於這方面的審判，也總是對賣方不利。

即使是真正務實沒問題的行銷過程，也總是被無理判錯。

看著那明明是反悔的買方勝利後所露出的嘴臉，就會知道有時候客戶並非都是那麼單純天真無邪。

只要扯上自己的權益，小綿羊可是會化身成人類的。

其實如果真的後悔了，也不用怕丟臉，與賣方的協商跟溝通，拿出你的誠意，道個

歉，說出你真實的原因，結論總是可以在商言商。

畢竟有經驗的賣方都會知道，寧可冒著風險去綁著瘋子，不如趕快繼續努力下一戶，反而很多時候都是越戰越勇。

賣得越好，經驗上而論，這些當時吵著要退的人在事後更後悔退戶，尤其在房價爆發前的那幾年。

買房子是緣分，如同結婚一樣，不要養成自己說謊不良於自己的決定，誠信是一件對買賣雙方來說都是非常重要的事情。

1.為什麼一定要用舊方法複製貼上？

2.為什麼不能嘗試創新大膽的突破？

3.為什麼一定要按照傳統預算比例？

4.為什麼非要符合個人愛好做調性？

5.為什麼只能運用單一不變的策略？

6.為什麼一定要有制式編排的內容？

7.為什麼不能客觀面對與客觀思考？

8.為什麼不能廣結通路的相信專業？

9.為什麼非要自成一派的主觀強勢？

10.為什麼不能參考學習模仿成功的同業案例？

好奇心不會殺死貓，但是沒有這些自我詢問，就代表在廣告策略的思維彈性非常狹隘且沒有進步。

我遇過不少自成一格的前輩，堅持傳統，並排斥那些新思維與成功的例子。而且會很主觀的告訴你、教育你、洗腦你說著：那些花招一點屁用都沒有，不需要去學那些東西，只要把以前的成功方式做好聽話就行了。

我很納悶，如果自己看都會膩到吐的圖文稿，又怎麼能吸引客戶呢？

如果自己看到都無法有感覺有衝動或被吸引住，又怎麼能稱做是「廣告」呢？

我們必須經常思考，究竟廣告的定義與目的是什麼？

是要做給自己看爽的，做給自己交待的，做給一個流程上必備的拼圖。

還是要做出有效果的，做出有意義的回饋，做出有各種不同層面的收獲？

很多人的嘴巴老講著這次要弄個能爆發的廣告效果，可以創造個里程碑的行銷策

略。但往往回到最後主事決定的時候，卻又被拉回到那個老經驗之中了，導致最後變成四不像的上不成，低不就的垃圾結論。

活到老，真的有學到老嗎？

做的久，真的有學得久嗎？

吸收新知，活在當下，隨環境調整做法是順應市場，而非僅依照自我意識與喜好而規劃的廣告決策。

平時，我會分類個幾種層次。

在收集資訊的過程中。

有觀察跟沒觀察市場同業廣告是兩回事，

觀察後有沒做研究與分析效果是兩回事，

評估結論後有無從中吸取養分是兩回事，

吸收思考後能否轉為自己運用是兩回事，

盡能所用可不可以突破再突破是兩回事。

每一個因，都會造成不同的果，而每一個他人所看到的果，也都有其成功與辛苦種的因。

客觀而論，人外有人，天外有天。

你賣得好，肯定有人賣得比你更好。

你廣告做得巧，肯定有人比你更有創意。

不動產的悲哀是有太多人會自視甚高的自詡為王，覺得自己可以天下無敵所向披靡的傲視市場、笑傲江湖。

但殊不知自己的東西早已乏陳無味，競爭力盡失。還能生存，幾乎是靠著市場自然去化力來維持。

離爆發與成功的距離跟機率可是越來越遠、越來越低了。

廣告十問為什麼，可以讓自己在案前規劃時的腦袋更加清晰透徹，可以在操案過程中更能清楚知道自己該做甚麼、客戶需要甚麼、市場大眾想要甚麼、而案子應該必

須要賣甚麼，最重要的是廣告應該要呈獻甚麼。

如果人人都會做廣告，何須花錢請你呢？

如果人人都會做行銷，何須花錢用你呢？

如果人人都能做策略，何須花錢要你呢？

做出自己的價值，找出自己的產值，表現出自己的專業與工作素質，培養出自己的資質，讓所有事在你身上都是物超所值。

廣告大忌：固執，主觀，自以為是。

如此註定結論不是白花錢就是浪費時間。

投資房子不是要給自己住的。

做廣告也不是要給自己看的。

我不喜歡老屁股的原因不是因為他們老，而是他們總是拿著智慧型手機跟你講著網路沒有效。

他們總是對著臉書笑嘻嘻跟你講著花這錢沒用。

他們總是討論著網購拍賣跟你說這不會有人看。

他們總是有很多3C與網路技術問題要請你幫忙解決，但自己卻老是懶得去學。

老屁股之所以老不是因為年紀或資歷，而是自以為很老。

訓練基礎最快速的方式：市場調查。

不是同業市調，不是喝咖啡拜訪，不是交換名片。

是假裝客戶進去看房子，這件事情，對於新人、菜鳥、白紙一張、人生地不熟，是最快的成長與吸收方式。

與其紙上談兵，理論教學，陳述故事與經驗談，都不會比這樣的實戰來的更有效率。

市調，是一件非常重要的功課。

把整個區域所有大小建案、大樓透天、預售成屋，全部都看遍，並且做下個案相關內容紀錄。

不懂的不認識的不清楚的不知道的，全部透過市調方式來問遍業務員，就當是個普通消費者般的詢問，讓對方的專業程度去告訴自己對於不動產相關基礎的答案。

透過跑地圖，你可以熟悉區域環境。

透過建案基地位置的屬性，你可以聽到前輩是怎麼介紹重點的，也可以聽到他們是怎麼比較競爭對手的缺點與抗性。

透過假設性的角色扮演應對，去套出自己所要的資訊，這也是種未來對於自己在銷售上要面對客戶的訓練，如果連對賣方的資訊都無法透過溝通取得，相對未來也很難去得到客戶心中的答案。

透過介紹過程可以瞭解跑單業務的銷售流程與技巧，市調的越多，就越可以看到前輩們非常多元的無償教學，如果你學習能力很好的話，基本上這個方式比在教室裡上課還要快上百倍。

透過整個看屋過程可以知道不同產品是怎樣的包裝與行銷方式，結束後的調查分析

更可以深入了解，也能從此去認識一些品牌與建材或工法。

在起初入行的頭一年中，我都在幹這種事。

菜的時候連接待中心都不敢進去，到之後能得心應手把整個資料表填妥，雖然不是甚麼既得利益的事。

但也由此去磨練自己在對個案與市場瞭解的程度，對於專業成長上有很大的幫助。

在初出茅廬的時候，也不免遇到不少尷尬事，被過濾、被認出、被標記、被酸念等等……

但不可否認的是，這樣的土法煉鋼對於工作上的進步，是非常有效的且紮根基礎非常深。

曾經一天市調超過8個案子，其實認真起來看房子真的很累。

所以當與同業聊起所謂的市調：

我想著，同業市調，會有甚麼幫助嗎？

這些資訊，網路上不就都查得到嗎？

為何還要特地見面聊呢？

為何還要去聽那些明知道對方會講甚麼的內容呢？

雖然對於跑單業務來講有點不好意思，這樣的市調浪費了對方的時間與接客量。

但說實在的，學習與成長，不是就得如此嗎？

如果做這個行業不懂業務，或是不與業務第一線做出相關的訓練，除非是天才，不然都很難會有正確的成長方向或產值。

代銷，業務不一定代表一切，但業務是所有本行工作的基礎與根基。

從接案、開發、談判、爭取、規劃、行銷、企劃、策略、執行、管理、現場、廣告、銷售，全部都需要所謂的「業務能力」。

主管或老闆，不一定要會賣房子，但不能不懂賣房子的道理與邏輯。

單只有包裝，不見得能成功。

單只有業務，也不一定成就。

環環相扣的是，做這個行業就必須要面面俱到，盡可能全能化，這樣子失敗率可以低一些。

把握珍惜自己還是菜鳥的時候。

因為過了，沒有學習到好的基礎。

未來就準備轉行吧。

土法煉鋼，永遠都是最有效的方式。

走捷徑，吃虧的永遠都是自己。

不與流行起舞跟風，比較能貼近廣告真諦。

隨著數位與網路廣告的崛起，其實很多在推廣此業務的人也不見得很百分百瞭解自己的產品內容，或深入透析數位廣告的運作模式或效果回饋。

現在是大網紅崛起與直播、視頻、網路相關行銷與雲端廣告的時代，當然也面臨到許多技術性的問題，例如在不動產的領域之中，該如何發揮及脫穎而出，就是一種挑戰，比起一般商業行銷，不動產算是小眾市場。

在預算上的分配上與效果回饋的平衡也得做出一個確切且適當的策略與決定，這往往也是影響現場銷況的關鍵。

若要以五年做一個周期，這樣的變化衝擊可謂強迫著賣方必須應因市場需求的強烈依賴來做演化。

網路廣告的特性在於成本遠低於傳統廣告通路。

如何以小搏大，也有其固定的市佔率。花太多錢與不花錢，都是傷害。花再多錢或效果再好也頂多佔據3成的銷量。

同時在優與缺都一覽無遺，好的效果則倍加，壞的效果也完全無法隱藏，甚至還會被同業拿來做研究。

但網路廣告這件事上，並不是「花錢」，就能理解它。

在傳統廣告這回事上，只要「花錢」，就知道怎麼做。

但唯獨在數位時代裡面，充斥了很多的眉角，也充滿了許多專業與更多的市場數據研究，當然也必須要具備可運作其相關領域技術的能力。

這是個求新、求變、求重口味的受眾世代。

喜新厭舊、求新鮮、求快速、求流行、求同好。

即便連選舉與政治人物也不例外，操作數位媒體曝光等相關話題來炒作正與反的渲染力與影響程度。

往往這些背後的主導團隊都是具有想法的年輕人，似乎那種老臣權謀的時代已然漸漸褪色。

大家也撐不住這樣的網路洪流與巨浪，守舊派與保守派也不得不承認，若不學習模仿對方，就完全抵擋不住與之抗衡。

同樣的，要做好一個建案的廣告，不也是一場戰爭嗎？

豈能如此兒戲？隨便？馬虎？潦效？

應該是這樣講，做每一則廣告，做每一步策略思考，都必須要很認真，且最好是要非常用心跟專業。

不然怎麼叫代銷呢？

複製成功的經驗，不見得能夠再次複製成功的效果，這也是現代廣告很難為的挑戰主因之一。

有一說是廣告創意者必須走在市場最前端，必須要創造時勢引領潮流，要能是帶動市場與被模仿的那一方。

也有一說是，當人們創新時我走傳統守舊來鶴立雞群。

當人們傳統文青時我走創新來獨領風騷。

總之，想要吸睛聚焦，就必須要給人不一樣的衝擊。

善用資源，善於收集元素，善於運用各領域與時下最夯的話題。

誰說廣告不需要風林火山，誰說策略不需要孫子兵法，誰說賣房子不需要儒道墨法。

廣告：有這麼容易嗎？？

做廣告：是必須考量「市場目標」的。

有些人做廣告是做自己想要的。

有些人做廣告是做給業主要的。

有些人做廣告是做理想感性的。

有些人做廣告是做市場務實的。

行銷所投入的成本，都是一筆不小的開銷，甚至是長期凌遲。

景氣好時，廣告很難判斷其實力，因為只需要足夠的曝光，平均都能有具規模的來客量。

景氣不好，行銷策略就非常重要，因應節制預算又要有效，所設計的廣告就是勝負關鍵。

尤以現代資訊與網路的進步，消費者的進化腳步神速，若不順應市場投遞他們願意看的廣告，那麼就沒太多受眾者願意接受一塵不變的內容或老式行銷手法，甚至還有消費者出面解讀拆解你的種種銷售魔術。

所以要做好一個「有效」的廣告，不再這麼單純，也不再這麼容易。

需要更多的深思熟慮，需要更多的創意，需要更多的突破。

而這基礎，必須建立在市場買方目標上。

如果是我，我會接受什麼廣告？

如果是我，我會想看什麼廣告？

如果是你，你會接收什麼資訊？

如果是你，你會想看什麼資訊？

以前，賣方廣告總是訴求自己多麼好，行銷策略也總是老王賣瓜。

但如今卻發現漸漸疲乏無力，這是怎麼回事呢？

是產品力的問題嗎？其實不然。

是划算值的問題嗎？其實不然。

因為現在的消費者跟以前不一樣了。

道高一尺，魔高必須一丈。

如果做得好，你就是魔，如果做不好，你就只是道。

行銷是一個賣方與買方的周旋，廣告也是，做為賣方，就必須圍繞著買方市場繞，買方變，賣方必須跟著變。如果賣方執於一手，強勢且誘導，不見得能令買方妥協與接受。

那麼現在消費者所追求的是什麼呢？

品牌，貼近人心的物語。

價值，超越利益的訴求。

創意，拉近距離的印象。

服務，擺脫迷思的用心。

行銷，突破信任的進化。

獅子與兔，是由市場來決定誰吃誰。

狐狸與豬，也由市場來決定誰玩誰。

但，通常都是賣方主事決策者證明自己是何種定位。

但，願意承認失敗與改變的人，並不多見。

劉邦，一個善於用人的帝王。這也是他的成功關鍵。

即使一個人擁有做為強者的特質，但在怎麼強，也只是一個人，也永遠不可能會分身會長出三頭六臂。而團隊的力量總和總是能勝過於一個強者。

而這御人之道，就在於如何用人效率極大化。

每個人的特質，都有其角色定位，如一盤棋中的各種職司，如戰場上的各種軍階任務，如國家機關內的各種專業領域。

把人放錯了地方，天才也會變庸才，人才也會變廢才。

相對的，每個人都應該清楚自己的定位，別高估，也別低估。有些人需要花上很多經驗與時間，才會了解自己的長處與方向。有些人也同樣要花上不少時光，才會了解自己左右手或員工下屬幹部門的優點與定位。

同件事，並非每個人都能做得來。

同樣話，並非每個人都聽得進去。

如果沒有自知之明，又該要如何競爭呢？

如果沒有識人之明，又該要如何壯大呢？

職場就像個動物園，有獅子，有兔子。

每隻猛獸都有相應的管理方式，每隻小動物也有相符的照顧方法。

用錯了，那麼獅子可是會吃掉管理員的，兔子也會不堪壓力跳牆而走的。

不要想著把兔子變獅子，把獅子變兔子。

而是要豐富精彩整個動物園，這樣客人跟收入也自然就多了。

「每個人都有他可以為團隊貢獻的地方，只在於你有沒有找出來」，這世上，真正的廢物並不是那麼多，而是你不懂得怎麼點石成金。

非領導者的
領導論。

現在是個人人都想做老闆的時代，但事實做老闆是比員工還辛苦的。為什麼呢？

因為要做個好老闆與會成功的老闆是非常非常困難的。

照主計處統計，創業能生存超過五年的比例不到1％。

頭一年就失敗的比例高達9成。

即便如此，還是想做老闆嗎？

試想。領導者需要甚麼條件。

孟子說：「一國之君如果想的都只是利益，那麼整個國家從上到下甚至到人民，就全只會考量自身利益，那麼這國家很快就會陷入危難。」「但若把仁義放在眼下，那麼真正的利益就會在最後到來。」

現在的社會、職場、從幹部、到基層，各個求新、求快、求利。而反應出來也最忠實的是。

「你是個甚麼樣的領導者，就會帶出甚麼樣的團隊或員工。」

老闆通常很難可以接觸到職員們的心聲，或者也很難知曉職員們真實的言行，因為立場問題，因為距離，因為種種細節。所以大部分老闆與主管們幾乎都在自以為是的感覺公司所有人們的感受。

相對職員們，也很少會去思考老闆的為難與辛苦之處。

「帶人要帶心」，簡單的一句話，卻困難無比。

以公司立場而言。

無論怎樣的制度，都無法讓每個人都滿意。

無論利益如何分配，也無法讓所有人滿意。

無論你怎樣付出，也無法讓所有老闆滿意。

無論對職員多好，也無法讓所有員工滿意。

其實不管怎麼做，都不可能十全十美。

也因此要讓一個團隊強而有力的維持下去，是相當困難的一件事，也因此真正成功的團隊，總是在少數。

所以現代領導者，是比過去更需要堅持某些特質，也比過去更需要有更堅強的心理素質與毅力，甚至需要更多的智慧與超高的EQ。

相對整個團隊所表現出來的成就，就是對自己的分數。

甚麼樣的老闆，帶出甚麼人。

甚麼樣的主管，領出甚麼人。

所有老闆與主管們的負面特質與言行習慣，都會在職員們身上散發出來。

有樣學樣，上樑不正下樑更歪。

所以嚴以律己，以身作則，親力親為。是現代領導者最重要也最必要的準則，最少下屬們對你沒有藉口，因為你比他們還更認真努力並非只在嘴巴上在高調上，而是行事上讓人深切感動。

所以將心比心，換位思考，易身處地。也是很重要的處事原則之一。人性上每個人都是自私的，但上位者，必須無私，不要總是想著教育下屬，而是感化員工，如果你只是在比誰狠，比誰兇，比誰更有手段，比誰更自私，那麼只會惡性循環。

如遇喜歡攬功的老闆。這時你就需要老二哲學。

如遇慣性自我的老闆。這時你就需要借花獻佛。

如遇不重員工的老闆。這時你就需要轉換跑道。

如遇自私成性的老闆。這時你就需要中飽私囊。

如遇不公不道的老闆。這時你就需要明哲保身。

如遇不忠不義的老闆。這時你就需要借鏡傍身。

如遇馬屁狗腿的老闆。這時你就需要忠言直諫。

如遇囂張跋扈的老闆。這時你就需要修身養性。

老闆難為，因為能生存下去的關鍵是利，沒有了利，能否經營運轉都是問題，誰跟你談仁義，誰跟你顧員工感受。但若越這樣想甚至這樣做，那麼離失敗就不遠了。

團隊，組織，是每一個有貢獻的人累積而成的聚合體，無論老闆在有才華在有能力在有影響力，也不能忽略掉每個人的努力。即便在小的單位都有其齒輪的作用。

如果只是請一大堆人來神話自己的排場，那只是讓人心更背離團隊初衷，剩下的就只會是利益而已。

而員工們也得在每個環境中成長，如果有太多的己見與各種疑惑與主觀，就很難學習。每一個可以領你的前輩與能做老闆的人，必定有其成就的原因，從每一個人身上學取經驗及習道，是比賺錢更重要的原則。

上對下，下對上。沒有上對下，下就不會對上。

上領下，下挺上。沒有上拉下，下就不會挺上。

上與下及下與上。都是相生、相剋、相持、相惜。

認真看待團隊與組織這件事，是所有人們該關心的。

那麼這樣，向心力就不再會是表面功夫。

代銷最有技巧性的作業在於「預算控制與分配」。

子彈是有限的，但時間卻是無限的。

這是個用時間換取空間最為現實的行業。

面臨時代的快速變遷、科技進步、消費者習慣改變等等，現在所可以選擇的廣告曝光方式多元，廣泛。但不見得各個有效，也不見得這些錢與費用都該花。

代銷的勝負關鍵之一在於各種廣告子彈預算的投報率。

省下的，就是多賺的。省下的，也是為了風險考量而做的預備。

既不能僅省不花，也不能亂花，更不能自以為是與邪魔歪道的花。

「沒有絕對有效的通路，只有絕對有效的內容」

這是現代化廣告必勝的主軸，當你發覺自己所投入的通路無效之時，可能必須要考慮。

1.廣告內容是否無效。

2.廣告是否疲乏。

3.執行者是否不精或認真用心程度。

4.最後才是通路問題。

而非絕對性或單一針對性與過度主觀的判斷某某某就是無效。

傳統廣告：成本高、彈性低、表現組合單一、效益判斷模糊、廣告客層無法鎖定。

數位廣告：成本低、彈性高、表現組合多元、效益判斷精準、廣告客層可鎖定。

時代變了，你認同嗎？

當你無法確切肯定傳統廣告的效益時，你如何認定它就是有用？有証據嗎？數據來源度夠紮實嗎？

如果無法要求高昂成本的傳統廣告有多少回饋之時，那麼為何要斤斤計較數位廣告一定要有所某種程度的回饋呢？

在過去，停下廣告讓市場自然去化並不會拖延到太多的銷售期，是對抗不景氣最為保守的策略與主要手段。

現在，若同樣以此作為，自然去化會讓銷售期拉長比過去數倍的時間。

所以廣告還是要打，重點是，「怎麼打」。

如果著重傳統廣告，它最有效的方式就是「狂砸」，量越大，成果就越顯著。

「砸，就對了！」

不用甚麼花招，不用甚麼心思，不用那麼複雜。

但這沒有甚麼技巧難度，況且現在能做大預算的案子並不多，所以會做大案子並不代表可以做小案子。

但為何要投資在數位，因為成本差異很大。只要做得好用得準，網路能擴散比傳統數十倍以上的功效卻更省。

想想，如果將傳統廣告預算全部轉移到數位上，那是多麼龐大的網媒資源。

但不同的是，數位與網路需要專業，需要懂，需要了解，因較為複雜繁瑣的特性，讓這行業不少人卻步，只知其名不知其行。

可數位的世界與操作是龐大無限的組合，只要成功，總是能創造出奇蹟。

不然現在的政治人物或主流媒體不會都積極在這走入這塊領域。

原因很簡單，低頭族越多，數位影像力就越大。

你越依賴科技，網路擴散度就越廣。

因此，最為平衡的技巧分配。是保有傳統廣告的一定效力，同時又能創造數位上的爆發。但能兩者兼具優勢同時做到其特性且又有效控制預算與業績成長的實例，著實不多。

這也代表著。其實我們都浪費了很多自以為是的廣告預算。

古時因連年爭戰,所謂的兵法、策略、謀士,為的是幫自己的國家能夠勝利。

而為何流傳至今,因為商場如戰場。現在不需要戰爭,但經商與市場,其實也是一種爭戰。為了成功,有時不無那些古早智慧的道理。

做這行業的廣告行銷。不斷奉行著「風林火山」之道:

武田信玄帶著孫子兵法而扛著出了名的旗幟。

疾如風:該打廣告的時候,就要快,不拖磨,不囉嗦。該做強打時,且快,要狠,又準,迅如掩耳不及。

徐如林:任何廣告,都需要點耐心,需要點平常心。讓子彈飛會。不急不徐,平淡輕鬆。不過度樂觀期待,也不悲觀看待。最好的計畫應對最壞的打算。

侵略如火:星星之火可燎原,廣告要打就是要有效,要夠刺激,要夠吸睛,要入人心,要能刺入市場心臟,曝光如火燒平原般如病毒般擴散。

不動如山:任何資訊任何阻擋都不動搖廣告目地的決心。目標是不會被改變的,但可以調整彈道,結論是要努力去達成的,但方法方式可以變通。

難知如陰:廣告是種虛實交錯的呈現,實則不虛,虛則不實。沒有絕對有效的答案,但適時的從內容去釣口味去加味道,有時候清清楚楚有時候輕描淡寫。不是每次虛都有效也不是每次實都有用。

動如雷震:下手,就有如雷霆萬鈞般令人震撼。治亂世要用重典,打廣告就要下重點。一出手,就是要驚艷全場。不做不慍不火的廣告,不做無感無氣的內容。

代銷是半個建築人？

是的，因為需要。

土地開發：為求了解第一線土地市場行情與發展。

坪效計算：清楚成本計算與售價彈性。

建築規畫：讓推案銷售能夠符合市場最大需求。

公設設計：豐富個案賣點優勢及檢討。

熟悉建材：全領域銷售，皮毛也要當專業。

工法了解：讓客戶安心，即便細節，也要強調。

市場調查：知己知彼，了解研究越深入，失敗率越低。

分析預判：未來瞬息萬變，推案不是短週期。

企劃主導：個案主軸方向決定生死與銷售速度。

廣告策略：預算僅用在刀口上，1分錢做10分事。

輔銷工具：工欲善其事，必先利其器，魔鬼在細節。

業務管理：業務團隊是個案能否成功最關鍵的力量。

增廣見聞：世界越快，心則慢。吸收新知當下運用。

法規合約：了解因果，解決問題，完美買賣橋梁。

購屋流程：專業不僅是清楚所有過程，而是能以談判溝通之姿解決在過程中所遇到的一切問題。

建築人，並非自視為什麼立場。

而是以建築人的美名來要求自己。

從初入的第一步、第一天、第一周、第一月開始，就是不停多方位，全方面的學習

與吸收。

從仲介，建設，建築師，設計師，營造，廠商，媒體，所有能從前輩與大師身上可以偷學到的機會，有問問題的機會，絕對不放過。

建築圈，所有的成功與成就，都不是枉然。

唯一的枉然，就是自己永遠把自己定位成「我只是個賣房子的人而已」，那麼不學無術就常常滿街林立了。

態度，能決定專注的程度。也能決定自己學習的速度。

更能反應出能力的高度。

自此，時間能給你更多的選擇權與機會。

「價格戰」一直是被公認為最有效的策略利器。

問題來了，如果價格戰失效了呢？？無感了呢？？

近年來因應景氣與剛性需求，產品往往走向低總價低門檻的方式來規劃，幾乎人人都在打價格、打優付、打牛肉。

很快地，整個市場都麻痺了，到底怎樣是便宜，怎樣有吸引力。膩了，乏了，無味了。

同時又因成本快速上漲的土地，一個案子比一個案子還貴，等同不久前上線的案子才打價格出來沒多久，下個案子根本沒空間在把價錢往下打廣告。惡性循環下，行情越高，數字越醜，但除了不上數字，好似也沒甚麼招可以玩了。

放眼望去，市場應該需要更多的彼此拉抬，而不是往下削價，更何況如今是價格明明在行情底部，反應與成績也越來越不如預期的尷尬時期。

產品力，已經是現在的推案入門基本條件，不再是那種無敵優勢，如果沒有很審慎的計畫與策略細節，光靠老梗，馬上遜掉。

身處在這個求新、求快、求變的時代中，廣告尤為辛苦，需要不斷的吸收、學習、創新、獨力並且有遠見的發展出自己的一條路與方向，其實沒那麼容易。

「價格戰」不再是萬靈丹，任何媒體通路與一塵不變的方式也不再是仙丹妙藥。

不創新，就等死。

有句出名的話說、「被討厭的勇氣」，身為一個管理者，就必須帶著這樣的心理素質。畢竟沒有人天生喜歡被管著被逼著被壓縮著。

要想著能完成任務，能達成高標準，肯定會被討厭。
只是怎麼技巧性的讓整個團隊有著高度向心力，是門哲學。

我喜歡觀察著所謂的領導者與管理職中每個人的特質，我相信，人若成就某種程度畢竟有著不為人知之道，也習慣性的從這些特質中汲取可以運用與模仿的心態去歷練，去討教。

管理：是需要比業務跟高超的手段與智慧，能經營一個成功的團隊，遠比會賣任何東西還要來得更具有產值與價值。

誘之以利，動之以情，說之以理，通常是職場最常見的手法，那麼除此之外，又有甚麼方法能讓團隊死心蹋地呢？

是很輕鬆的環境？是很有福利的條件？是很人性的制度？還是垂手可得的收入？
其實縱歸兩大原則：「將心比心」「以身作則」。

聽起來簡單，做起來卻困難無比，要比團隊任何一個人更關心於團隊的任何人，要比團隊的任何人還要更嚴謹的要求自己。不以嘴為鏡，而是團隊有眼有感覺。

在現況這種凡事都以勞工利益為準則的幸福社會，這樣的原則就更為重要，即便在競爭力與心態觀念嚴重偏差不足的時代，更需要比過去更多的耐心與智慧。

沒有完美的公司，也沒有完美的制度，更沒有完美的老闆與主管，當然也沒有完美的員工。

可惜的是，大部分的人都習慣抱怨那不好的點，而忽略那美好的面。

如果現在你已經擁有願意與你共體時艱的夥伴們，請珍惜。更注意的是，請務必更要將心比心與以身作則。

何謂廣告。

從學習的過程中，了解到甚麼是不動產的廣告行銷，該怎麼做，該如何做。

發現到：大多數的前輩，鮮少會有從廣告目標心態中擷取資源，換言之，都是自己想打甚麼就打甚麼，自己感覺甚麼有效就用甚麼，長期下來，到底甚麼內容有效，甚麼媒體有用，甚麼通路才是大眾，最終都只流為兩字：「主觀」。

時代變化快速，消費者與廣告受眾者見異思遷，隨著網路與行動裝置的快速普及便利，短短幾年已對不動產廣告造成巨大衝擊，把那些數十年甚至一輩子都投入在這行業的人，把這些前輩與祖宗的「主觀」與「經驗」，完全沖進洪流之中，怎麼死的都不知道。

但學習，不該因輩分、歷練、經驗、地位、身分，而停止。
我們做廣告策略行銷的，本就隨著消費者在變化，消費者想吃粥，我餵粥。想吃肉，我餵肉。想喝血，我餵血。

我們的衣食父母就是這些消費者，我們不是跟客戶分輸贏。
廣告是個洞，是個隱形陷阱，不是爭奇鬥豔，不是譁眾取醜。行銷是盤棋，策略是張局。

這個世代，已經無法再複製成功經驗了。
這個世界，需要的是在領域中引領潮流。

我們做的不只是廣告，不是兒戲而隨便的，所有的細節都是環環相扣，所有的魔鬼，都在細節裡等待你找出來。

生存不易，更要用心生存。自以為是遲早被市場淘汰，是消費者用他們無情的消費習慣，將你淘汰。

開源節流，廣納意見，挑戰嚐試，跨越框架。

陸／職業心苦談

不動產從業圈的
酸甜苦辣

不動產周邊行業的悲歌：

受限於景氣與廣告預算，當景氣不佳業績越差的時候，賣方通常都會為了拮据預算成本而削價周邊產業的服務。

於此，這些廠商就必須為了生存被迫要降價競爭，換言之就得要比過去接更多的案量才能勉強持續經營下去。

但更多的工作量卻不會帶來收入明顯的成長，也無法多請人事分擔，於是就變得是一種把自己操死的行業與工作。

廠商包含了不乏企劃、媒體、文案、美工、傳產、數位、廣告等等……生活都更加不易與艱辛。

而這樣的惡性循環，也產生出了建商與代銷方，往往只看價錢不看質量的通病出現。

也能形容成不懂品質差異或是不想去深入了解，因為價格才是王道。

這也扼殺了不少創意工作者或具有特別產值的人才，因為打混與認真的收費都是一樣的，何必去多煩惱這麼多呢？

價錢與成本當然要顧，但必須秤質論斤，給予專業與創意該有的尊重與報酬是更重要的一件事。

如同現場銷售一樣，甚麼價錢就給你甚麼服務。

當你在抱怨消費者只執著價格而不願聽你解釋其產品價值的時候，想想你在面對廠商的時候也是這副姿態。

當然就會跟客戶一樣只能去買到那些「窮的只剩便宜」的東西而已。

好的企畫，不該削價。

好的媒體，不該比較。

好的廠商，不該剝削。

為了推行建案的完善程度與刺激行銷，為了正面循環讓整體產業素質提升與增加競爭力，應該捨棄那種圖謀吞棗的觀念。

身為代銷的自己，有時也會與同業分享。

為何要屈就於被業主砍服務費呢？

為何要妥協業主不合理的要求呢？

為何要競價去承受多餘的風險呢？

如果你是專業的，如果你能對於自己的產值與服務負責，如果你是無可取代的，你就該帶著那種驕傲來談判。

雖然事實總不盡人意無法這麼的簡單或順遂，但是我們可以選擇自己的品質，我們可以堅持自己深度或內涵。

我們可以不同流合汙於只為了接案而隨興被打折的同業。

如同媒體平台就像一輛巴士，各自不同的公司也代表著不同大小的公車，能載多少乘客就是多少流量。

但你只在車體內做廣告，能看到的曝光量也頂多就是那些車子容納上限的人數而已。

又有多少人可以有將廣告發展在車體外去規劃更多曝光率的思考與創意呢？

意思是，當你用便宜的價錢，你只能請到不能解決問題與擴張效益的服務，得過且過，做了就算。

當你用等值的價格，卻可以請到不僅可以解決問題還能放大無限效果的服務，負責且有擔當的同一陣線。

身為於各自不同領域的工作者，生活在困苦，也得努力建立起自己的價值，因為那是專業。

既然是自己選擇的事業，就該奮鬥成為是種技藝與門道。

「自豪於自己的工作，因為你有產值有價值。」
「捨棄惡性的廉價觀，因為你只買得到垃圾。」
奇怪的是，垃圾還要花錢買呢。

在台灣，有許多人認為房仲的社會地位不高。

也許在門檻低的行業裡總是帶有許多過水、跳板、嘗試或是各種參差不齊的素質，

但不代表就可以偏概全的去否定某一個職業內的所有人。

仲介可是台灣中古屋的第一線，這是很重要的。

也可以說在國內不動產的房市之中，龐大中古市場的行情也是由這些人們身先士卒

在努力撐起的。

通路非常重要。

在你對仲介反感的時候，請思考一下當你想買房時若沒有仲介，該如何去尋找物

件？

假使這個行業不存在，你又怎麼能有很多的資料可以參考比較？

當你想鎖定某個社區或某戶某樓時，沒有仲介去開發出來，你能自己找到並說服屋

主要出售嗎？

更重要的是當你想把房子賣掉時，沒有仲介你行嗎？

身為消費者通常都會很習慣性的只想要享受服務而不想付服務費，買房的覺得仲介

那2%是輕鬆賺的，賣房的覺得仲介4%抽太多。

可很多仲介是沒有底薪的，收入是得要靠自己的業績才能過基本生活。

所以千萬不要跟仲介說你想砍服務費，個性再好的王牌業務心裡都會送給你一個

字。

如果是一個專職投資客，絕對會把握好與仲介的關係，因為經驗可以告訴他們，沒

有人幫你出貨，房子再多都沒用，互利雙贏才能持續經營好通路人脈。

相對的，沒有這層管道，你想要物色可以投資的好產品，也沒人會先給你。

同時不見得在仲介的領域之中就沒有專業人員，資深的仲介在掌控一個區域的資訊、行情、變化、還是有利可圖的線索，都是非常厲害與獨到的。

因此很多人做的久了，除了會做業績之外，同時也會自行下去操盤相關的投資當做置產理財，藉此增加收入。

跟客戶買房子，再把它賣給客戶，以此循環不絕。

所以在與仲介的往來上面，是可以得到很多資源的，以一個對不動產很關心的人來說，培養與仲介的關係同時也是跟房市在保持著緊密的連結。

如此只要機會來了，基本上你至少也能是個小富翁。

但，也不全然可以這麼樂觀。

對於一整個市場的仲介體系而言，應秉持防人之心不可無，在交易買賣之過程，仲介這個行業還是很看人的。

也許有些社會案例會令你感覺不快。

也許有些親友實例會讓你心感不安。

也許有些自己經驗也讓你感受不好。

可這真的無法代表這個職業圈都是如此，不動產這個行業到處充滿了82法則，老鼠屎壞鍋粥的例子屢見不鮮。

當你遇到了那20％的正派佼佼者，記得多給他們一些機會，也收斂起那種非便宜不貪的現實嘴臉，於此相信事實一定會給到你滿意的結果。

當你遇到了那80％的不愉快體驗，也是正常不過，但別因此放棄這通路，透過仲介，其實可以減少買賣屋的麻煩，也能省時省力很多。

想殺價，沒有他們的存在保證你的臉皮自尊沒法讓你取得滿意的價格。

想賣高，沒有仲介的努力相信你的堅持與固執會讓你房子滯銷非常久。

當你看到喜歡的房子時，請感謝仲介為你拉了這條緣份紅線。

當你賣掉房子賺到了錢，也感謝仲介為你創造了這樣的收入。

在不動產的世界中，仲介是非常重要的存在。

專業的土地開發與整合，很多好地段就是因為他們的努力而造就的。

房屋的中古買賣與協商，很多市場價值也是因他們的勤奮而累積的。

「記得千萬別砍服務費，可以談，但不能砍」。

「聽Sway的話，只有菜或鳥仲介會理你」。

如果你是年輕人，由衷的給予你肯定。

因為你的選擇，已在82法則之中佔有優勢。

剩下的，就在於你的毅力能堅持多久而已。

不動產，外界都說很好賺，所以也造成很多人是為了高收入而來，應該沒有人不是為了錢而入行的。

這裡必須告訴你，這個行業的確可以賺到錢，也有發財與出人頭地的機會，但這並非容易之事。

首先必須要建立一個健康的心態，如果你僅是為了賺錢而工作，為了賺錢才做事，當你把自己變成了一個利益現實之人，那麼這條路就已經廢了。

為什麼呢？

因為你只會看有多少好處在來考慮自己要不要行動，於此就等同於是浪費許多的時間在培養自己身上。

有錢，好吧我動一動。

沒錢，我連動都不動。

無論甚麼好處，沒有基礎，哪來的成長呢。

如果你還沒有任何被利用價值就先學會談條件，基本上你可以轉行了。

不動產是一個很廣泛的領域，可以專業之姿深及觸角的話，其實收入來源是很廣泛的，也可以高度集中化。

但前提是，你擁有多少的「料」。

是的，「真材實料」。

這行業是非常吃實力的。

硬實力在於你的資本額，有多少的子彈去擴張版圖。

軟實力在於你的人與能，有多少的內涵去戰勝一切。

所有可以成功且長期生存的佼佼者，都有其很深層的一套功夫，通常不為人知，也不外傳，你也不知道在每一個爬上來的人曾經吃了多少的苦頭。

他們所能承受的高壓，是現在的你無法體會與接受的。

他們所能背負的責任，是現在的你無法想像與面對的。

要走進不動產的世界，就要當成是一條天堂路，必定是匍匐忍受許多尖石利道，渾身是傷的去成就些甚麼。

所以如果你只是為了錢做事，那麼你吃不了多少苦的。

要好好把握自己還菜的時候，因為你還沒被環境定型，是學習基礎的黃金期，但也很容易染上壞習慣。

要知道，吸收這件事不是別人的責任與義務。

要知道，專業領域的基底永遠都是土法煉鋼。

一回生，二回熟：

三回就得發揚光大。

四回就要創造產值。

五回就能鶴立雞群。

六回就可承負重任。

七回就須開枝散葉。

八回就學歸零潛沉。

九回就行穩步如箭。

十回就已隨心所欲。

既然入了行，就好好的幹下去吧。

時間很有限，但人生卻是無限大。

如果你覺得自己很認真，但沒有甚麼如你意的回饋。

相信我，那是你還不夠認真。

如果你覺得自己很努力，但總是沒被人看到而失望。

別灰心，那是你還不夠努力。

你覺得很累的話，那是正常的，因為比你累的人很多。

你覺得很苦的話，也是正常的，因為比你苦的人更多。

人外有人，天外有天。

不動產的世界中總是很多人自以為很行了，但外面的世界遼闊自身卻不知其渺小的程度。

反之，也很多人認為自己已經非常拼命了，但不知其實比你還更為奮鬥百倍的人多的是。

做事，不要求回報。

學習，不要有埋怨。

成長，不要有停頓。

無論你幾歲入行，無論你的年紀有多大。

進來了就是菜鳥，不是白紙就沒有進步。

潛力並非一朝一夕而成，但學習卻是點滴累積而成。

試問自己工作上班的每一天，到底浪費了多少時間。

試問自己學習吸收的過程中，到底有無放進心裏面。

這個行業很現實的可以告訴你：

你的內涵深度有多少，你未來就有多少。

你的吃苦耐勞有多少，你未來就有多少。

你的謙虛內斂有多少，你未來就有多少。

但當這些東西你都沒有的時候，你未來肯定很少。

致敬下一代願意入行的人們，千萬不要浪費了自己的好選擇。

不動產是人生的縮影，可以讓你大富大貴，也能讓你大難臨頭。可以讓你呼風喚

雨，也能讓你載浮載沉。

如果你還沒有很會賺錢與創造產值的能力，抱歉你還不夠格稱為專家。

如果你能爬上顛峰但卻還沒有自斂的心態，抱歉你還不足以稱為贏家。

先求有，培養自己有足以收穫的條件，自然就有財源。

在求好，不間斷充實更多的專業深度，自然就有錢賺。

不是別人沒教你甚麼，而是你不懂自主學習。

不是環境沒給你甚麼，而是你不會自我成長。

天賦不是絕對，很多時候，偷學的機會一生就那一次，錯過，就沒了。

運氣不是永恆，很多時候，成就的關鍵一世也就一次，失去，就不在。

致業務跑單的一封信。

處在房地產市場行情的第一線，應該要帶著這種驕傲，因為都是你們在扛著市場的買與賣。

景氣好時，我們必須要不斷突破高價創造新行情。

景氣差時，我們仍然要堅守著行情底線力抗時艱。

我們不是仲介，可以砍建商的售價或條件。

我們雖是業務，卻是能滾動經濟的大齒輪。

不動產是國內經濟的火車頭，是金融業的龐大籌碼。

不動產需要專業管道來銷售，而業務就是重要關鍵。

沒有第一線，就無法推動市場循環。

沒有我們在，就無法創造維持行情。

銷售量是業務創造出來的。

銷售價是業務攻守而來的。

外界普遍認為賣房子的都很好賺，其實根本不然。

因為這產業是相當辛苦，有努力不見得有合理回報，不認真卻甚麼都沒有。

一般的工作，都有著可以陪伴家人伴侶的周休二日與紅字，但對我們而言，這是個奮勇殺敵的「廣告日」。

這樣的條件，也是現代多數年輕人不願入行的主因之一，因為沒有多餘的時間去分配給你想投入的人事物。

做代銷，就是在大家都休假時而我們工作，在大家都工作時我們才能排休。

長久下來，就會發現入行越久的其家庭與背景就越難幸福，以概率而言，大多從業者不是單親就是離異。

丁丁的房產人生雜記　　/ 254

進而在整個生活圈之中幾乎都是跟不動產有關的人來往，周而復始年復一年的惡性循環，直到老去退休。

在時間與年紀的摧殘之下，從十八朵花歷練到幾個孩子的媽，不少都是獨力撐起下一代與家庭的成長。

殘酷的是，庸碌數十載後仍依然在市場上堅強的生存著。

惟一可倖然的是，經過時代與環境的變遷，現在的工時已大幅縮水3成，基本薪資也進步了不少。

但其工作本質依然不變，更辛苦的是房子更難賣獎金更難賺了。

早期，這是個每日超過12小時以上的工作，而且也是個高壓的職場環境。

表現好的場子不外乎都是威權管理所換來的，兇神惡煞般壓制而因此逼出業績，在精神與體力上的煎熬與折磨，不是外界與一般工作所可以想像的。

於此，賺了錢，多半都會有很大的補償心理來犒賞自己。

久之，就陷入了為錢而忙，為錢而跑的人生。

同時，還要飽受服務業精神的洗禮，顧客至上。

即便是各種無理的客戶與態度，或是其異樣與瞧不起的眼光，依然要自行吸收或是吞下許多委屈與黑鍋。

時運不濟時，還會遇到捲款跑路或是不肖的老闆與公司，辛苦賺的獎金還會被吃掉或技術性拖砍。

很多人會把房價歸咎於炒作或賣方暴利，但我們都僅是小小的業務員，也是為了生活而簡單希望著在銷售上能夠順利。

這行業早已不比以前好做，也沒有如外界般想像是高收入份子，我們都是以時間換取空間的工作。

看看現在的市場，哪一個建案不是賣個2年3年的，即便是小案子，也要熬個1年來餘，那種能夠短期完銷的個案根本是可遇不可求。

想想，三十如花時賣的首購宅，客戶當時的年紀也跟自己差不多。

二十餘年過去了，也邁入知天命到花甲之年，如今的首購客層已經可以當自己的兒子了。

再過十餘年，未來應該都能與首購族成祖孫輩囉。

生在不動產圈，似乎也意味著死也在不動產圈。

一輩子都在這圈子裡打滾，通常只有兩種結論。

一來是有機會成為代銷老闆，自做生意來接案。

二則是繼續領薪水到處跑單，不間斷的再循環。

辛勞的代價，究竟是甚麼呢？

空虛或富足，只有自己知道。

無論如何，為了不動產而龐大的貢獻，付出了青春年華，犧牲了許多家庭時間，也承受了很多精神壓力。

沒有基層與第一線的存在，代銷也無縛雞之力。

妳們的存在，是有其深度的意義與價值。

而這些辛勤，也總會在某時回饋到身上。

為自己的工作驕傲吧，也為自己的努力與認真挺著腰桿。

如果還認為我們收入高，那也是我們應得的。

要知道，許多客戶買了房子賺得是比單戶銷售獎金或代銷佣金還要多。

換言之，若沒有業務努力的推動讓你可以下決定的購買衝動與信心，你又怎會有這樣的機會與緣分呢？

要知道，不需透過業務介紹而成交的A級客比例少之又少。

而在猶豫不決跟到處看屋的B、C級客滿街都是，沒有業務奮鬥，你也很難會喜歡到下決定。

有時候，「終於看到一間可以買的房子」其實也等於「終於遇到一個可以讓我買房子的業務小姐」。

一個有趣的經驗議題，來自實際經歷接觸第一線跑單與專職培訓的綜規法則。

耗時十來年，親訓共事配合超過百位業務，不分男女老少，從社會新鮮人到30年資深前輩，從52年次到82年次，從懵懵懂懂到狼性虎魂。

不能說以偏概全，只是一個概率論而已。

無論是在星座上，還是這行業的工作特性需求，男女是非常大不同的，而反應出的結論也總會有些特例出現。

代銷在業務工作上非常重女輕男的，反之在主管培訓或櫃檯作業則是重男輕女。

不要問為什麼，自老祖宗所留下的傳統與原則直到現在，當然也有它的理由與邏輯。

所以在代銷的世界之中：女主管跟男業務是非常少見的，堪稱逆天制度，但也不得不否認。

女業務比男業務還要快進入狀況，適應性與實戰反應也比男性還要穩定，進步比率高上許多，也比較好教。

男櫃台比女櫃檯更為好用，畢竟要求菜鳥或對這種比較基層的死工作，男性是比較甘願認命好使的，在比較重要的會議或應酬場合上，也比女性更為適合交際。

而本人的成長環境之中，在業務訓練與實戰的經驗上，男女比重已經高達7：3，在同行比較之中，幾乎滿場男跑的感覺，陽氣相當重，陰氣非常衰。

業務著重的是實際成績，永遠都是結果論。

在統籌裡，我相信業內應該也差不多是這樣的客觀平均值：

火象星座的業績，應該都是最好的，尤其在女性身上特別明顯，例如牡羊、獅子、射手。

可以統整一下來研究，火象應該都幾乎包辦了前三名的好成績。

因為他們總是不服輸，不喜歡輸，即使不懂或不會，也都不能輸，這是一種感覺與天生驕縱。

而且對於業績或工作表現上會有莫名極大的企圖心，也非常重面子，輸人但絕不輸陣，衝刺與追求成績上的熱情，令火象天生就是適合吃這行飯。

學習與成長速度相當快，只要是對工作上有實質的幫助，他們願意吸收，也願意改變或屈就，雖然只是暫時的，但他們所做的一切，都是為了要贏。

也因此這些星座們最大的缺點就是沒耐性，總是趕急忙、快快快、催催催，要馬上知道結論，要馬上逼出結果，他們討厭等待，也是執行者與決斷者的最佳代表。

其次為風象星座，水瓶、雙子、天秤。

因其非常情緒化與過度敏感的兩極特性，表現不是大好，就是大壞。不是特別拼命，就是過度擺爛，非常惹不起的炸彈特質，尤以男性上更突顯這樣的極端性格。

在業務的領域之中他們非常容易創造領導地位，令客戶總是百口莫辯，同時大多風象星座的口才天生就不差，反應速度也是所有星座之冠。

但最大的缺點也來自於捉摸不定如風般的情緒與思考模式，總是令人不知道他們想甚麼要甚麼，也很難去掌控他們。

當然也是天生的戲精跟說謊者，要演出一套劇本，風象總是可以為妙為俏。

普通平凡的水象星座，雙魚、巨蟹、天蠍。

在業務世界中幾乎隱身到可以令你忘記他們的存在，沒有特別突出的表現，也不具太大的野心，非常愛好和平跟小確幸的代表。

富涵感性的一面，相信誠實會帶來美好，過度的容易信任對方與沒有幹勁的特質，讓他們在業務戰場上總是吃少不少虧，而且臉皮薄。

如果說火象是厚臉皮的愛面子，那水象就是有那種無法厚著臉皮的偶像包袱，對他們來說，眼下的感覺與跟前的目標比錢來得更重要。

但如果他們能在經驗上補足先天不利於做業務的特質，表現其實可以非常穩定紮

實，只是也不會太過突出就是了。

非常不適合賣房子的土象星座，魔羯、金牛、處女。

忍耐力最高，也最堅毅，撐得最久也最會坳的代表。

也因為太過於固執、自我與主觀，所以是最難受教的星座群，至今本人從未遇過土象能在業績上擠進前端的例子，尤其在男性上面，他們總是要花很多時間碰了壁，才能慢慢願意接受前輩的教誨或引導，永遠都在摸石子過河。

思考也是一直線性，比較難變通，反應也較慢，對土象來說，走捷徑跟截彎取直這種東西可能一輩子都不會理解也不想去了解。

但城府跟心機可說是全星座之冠，暗藏的野心總是能瞞過很多人，最適合直線成長做幹部的天生特質也令許多土象人自始至終都是穩紮穩打的類型。

但可惜的是跟業務絕緣。

代銷的房產業務工作是很有趣的，總是可以在每個不同個性與特質的人身上找出很多可以參考吸收的點。

有好的，也有不好的。

為了大局，人事上的運籌帷幄才是這行容易成功的關鍵，無論是哪個星座，無論是甚麼年紀、資歷、性別，能將彼此的潛能都帶出來是重點，能將彼此的產值最大化都貢獻在工作上是關鍵。

這是以人為本的工作，也是以人為主的事業，更是在做人與人之間的生意。

把人事搞砸了，基本上也不用想賺錢了。

把客戶搞毛了，基本上也不用想賣房了。

把下屬搞炸了，基本上也不用想組織了。

那種唯我獨尊、惟我最棒的強勢領導風格，在也無法能在這行立足與生存，被先於市場淘汰的也永遠是那些過去很強悍的行事手段。

用其所好，蔽其所缺，用人不疑，盡信盡誠，雙贏互惠，共生共存。

如此，就能長經久善，細水長流，滴源不絕。

現在的新鮮人，已經很少願意從事代銷的工作了。

為什麼呢？

我想是因為高壓、不能休假日、工時長，這三大主因吧。

從前會來選擇賣房子的人們，幾乎都是為了賺錢、賺獎金，為了收入，為了事業野心，於此那些必須要付出的基本條件，根本不算甚麼。

而如今也不知怎麼了，收入這件事情已不再是年輕人對於工作的首選條件。

能否有可以跟朋友伴侶出遊的同步休假，是極其重要的優先考量。

工時會不會影響自己下班後的私人生活時間彈性，是次要考量。

壓力與制度會不會讓自己感到不舒服或不愉快，也是考量主因。

至於能賺多少錢，有多少機會收入，上面三者都能滿足了之後，同時又不會給太少，這樣我就會好好的「認真考慮」這份工作。

其實從事這個行業，是可以很值得驕傲的。

如果你有心，你可以深入了解到跟不動產相關的一切，甚至資源或賺錢的機會，而這個領域卻是一般人不會也不容易碰觸到的世界，但卻又是每個人的必經之路。

換言之當你是個佼佼者時，很多人會來問你關於購屋相關的等等問題，如果你夠專業，也可以為很多人去建議一個正確的心態來面對與看待房市。

就像個醫生一樣。

每個行業與工作，都需要透過時間去累積充實。

而年輕的人們，時常會忽略所謂的「時間」，總是沒有耐心的想要快，想要走捷徑。而當事實令自己有所失望時，那就換工作吧，那就換公司吧，那就換環境吧。

很多事實可以證明，當你從一而終的時候，最少可以在某個領域上有著一定程度的

熟練與專業。

熟能生巧，巧能生精，精則通達。

如果總是東跑西換任性且隨意的依照自己的感覺不停的換工作，這才是真正的浪費時間。

相對的，你也永遠到達不了「達人」的境界或「職人」的資格。

蠻常會聽到的一句話是：這個工作我沒有興趣。

我想說的是，即使你找到了是符合自己興趣的工作，時間久了你也會感到麻木與厭倦，尤其在面臨到現實問題的時候，很多所謂的興趣，是無法填飽欲望的。

學習專精不就是要培養未來的產值嗎？

投入基礎不就是要放大自己的潛力嗎？

磨耗或磨練，其實並不建立在興趣這兩字上。

當你無心時，在有興趣都只會是種損耗。

當你有心時，沒興趣也會成為是種專業。

換言之時下剛出社會的人們，相當缺乏自我思考的能力與習慣，也在邏輯與態度觀念上有很大的偏差。

以致於在產值與資方投入培養成本上是很難達成平衡的。

講難聽點，十之八九的年輕人都是賠錢貨，但不用又不行，就成了一種競爭負擔，只為了填補人力短缺與簡單基本營運而不停循環。

遇到了人才就積極培養，遇到了廢才其實也就正常不過。

很悲哀的產業斷層環境，也令世代傳承帶來了很多瓶頸。

現在在代銷賣房子的業務年紀斷層非常大，7年級以下已經非常少數，即使有，也撐不了多久。

6年級就比較多一些。5年級就很常態了。

7年級以後的，就是稀有動物了。

我想這種斷層好似不只不動產業才有的現象，大家應該都差不多。

基礎生活太好的下一代，連賺錢的欲望與本能都沒了。

懶與收入，選前者。

混與投入，選前者。

放假與錢，選前者。

感覺與財，選前者。

環環相扣的影響之下，老的過時，少的無用，中的無奈。

如果不能為自己爭取好一點的人生，何必做業務呢？

如果不想為自己打造更完美的人生，何必做房產呢？

你不拼一點，難道父母朋友應該為你而拼嗎？

那些逝去的休假時間與光陰，有為你存下了甚麼嗎？

我說：收入的上限也決定了你消費能力的極限，那也代表了不同深度與不同的層次跟世界。

如果沒法存下這種程度的財富，你永遠只能環島而無法環遊世界。你也永遠只能接觸低消費層的水準無法體驗更高端的品味。

我說：小雀幸真是狗屎屁。

隨著消費型態的改變與消費意識的進化，加上景氣其實並沒有很樂觀，現在做業務可說是一個相當艱辛的工作。

跟過去比起來，必須比以前還要更加倍的努力與付出，才有機會得到相同的收益，還不是更好。

認真與努力，已經只是一個基本需求。

假使你自認沒有比其他人還要更重視自己的工作，沒有比同事還努力，那麼肯定渾沌無明，沒有方向，沒有目標，沒有動力。

假使你自覺是整個環境中最打拼的那個人，卻深感吃力與無奈、無助，別放棄，那只是上天給你的考驗，要令你壓縮實力，刻苦耐勞。你缺乏的只是時機與運氣。

換言之，不努力，連抱怨的資格都沒有。

努力了，可以適度紓壓。但千萬別放棄那曾經辛勤走過的自己，一切的點滴，都會被計入在你未來的命運之中。

也許很多人長期從事業務工作，歷經時間的摧殘熱情也所剩無幾，只為了基本生活與經濟餬口在拖著疲勞的步伐。

但轉念想想，也沒人能幫你振作起來。惟有自己的心態，才可再次激起那種剛入行的奮鬥感。

環境不好，是人人所共同感同身受的事實，但有成就作為的大有人在，也許是命運弄人，也許是老天沒眼，但很多時後是你看不到這些人的背後曾經經歷了些甚麼。

換個角度想想吧！

你現在感到辛苦嗎？

你現在感到疲乏嗎？

你的心覺得很累嗎？

你的身體還能動嗎？

其實不然，還沒有如你預期的事實結論發生在你身上，代表你還不夠辛苦，代表你還不夠認真努力與拼命。

不是我說的，是老天講的。

每天都是需要起床後再睡覺，日復一日。

累也是一天，不想累也不行，那不如就讓這種辛勞成為一種意義吧。

我們沒法改變任何人與環境，但永遠可以改變的是自己的心態與觀感。

當你無力時，就想著時機還沒到，做好自己的事吧。

當你無奈時，就想著努力還不足，繼續奮鬥工作吧。

當你無助時，就想著還不夠辛勞，把吃苦當吃補吧。

錢沒那麼好賺，賺錢只是一個過程，只是一個考驗自己的過程。越沒那麼好賺，就是越要磨練心性與能力。

不動產業務，是裡外皆辛的工作，即便是僧多粥少的現今環境，錢也是沒那麼好賺。

尤以在年齡斷層那麼大的現況，幾乎沒有新血跟中生代的接續，年輕人也不太願意承受這麼高壓的工作性質與環境，產業的第一線可說是只出不進，留下來的積極度遲早也會被歲月磨耗殆盡。

代銷的收入，都是看總銷售金額，來算算看，這輩子你撈了多少？

你的職業生涯中，能在不動產的起伏中賺取多少錢呢？

平均獎金用千4來計。

個人業績1億，收入就是40萬。

個人業績10億，收入就是400萬。

個人業績100億，收入就是4000萬。

有統計過自己從業至今，個人總銷售了多少金額嗎？

這是一個目標，業績是因，收入是果。

很多人只會先想這個果滿不滿意，再來評斷自己要不要努力去種在這個因上，這是本末倒置的。如果不先積極的付出，最後的結論永遠只會抱怨環境與公司或客戶。

但曾經有檢討過自己的產值嗎？

現在是一個推案量越來越多，但從業第一線的跑單越來越少的刻苦時代。換言之業務有很多案場的選擇權，進案門檻也越來越低，甚至已經是個不適合跳%的環境，更別談想要業務競爭力有多高。

因為大家都是做個檔期就想換案子，誰跟你賣到完，管你跳多高都沒用，領個底%就行了，哪個案子比較好賣就趕快去過個水，這個案子水土不服趕快閃人。

這幾乎是市場跑單人人的心聲，即便你是傻傻的沒想那麼多，同業也會這樣教你。

比的是哪個場子的條件好。

比的是哪個場子的福利好。

比的是哪個場子的主管人好好。

究竟何時來比你到底賣得好不好呢？

那麼問題是，你能創造多少個人年業績？

你的生涯又能創造多少平均個人年業績？

時間在走，歲月在流逝，可否感覺到自己的生活與體力越來越力不從心？

沒有好的收入與積蓄，到了人生中期會越趨恐慌無奈，更沒有戰鬥力與背水一戰的意義與情緒了，腎上腺素也隨著生老病死慢慢消失。

景氣好的時候，一年業績撈個5～6億是拼命三郎的基本。景氣不好的時候，在拼也不過就是1～2億，其實也沒那麼多總銷給你賣就是了。

可惜的是不動產往往都是9年磨一劍，熬十年大賺一年，還要帶點運氣進到大案子才行，不然要年均銷在3億以上的水準，可是非常難的目標。

入行超過20年的都稱老跑，在這雙十的黃金年華之中，又有誰個人總銷售金額能超過50億呢？

設立一個長遠目標，記下自己職業人生的一點一滴。

入了行，就要做到最好。

進了案，就要拼到最後。

選了場，就要賣到最屎。

再設立一個短期目標。

今年，我要創下多少的產值，我能否突破自己過去的紀錄。

很多你現在所面臨的問題，並不是偶然的，也不是上天給的，當然更不是環境造就的。

而是自己曾經造成的因，而得來現在的果。

如果只是求個穩定的薪水，如果只是想待在安逸的職場。其實是不太適合從事業務性質的工作。

當然以資方的立場，現在人難找，能填補人力的空缺就好，剩下的就交給市場自然消去法。

很可悲，因為不是在於拼業績，用人也不在期待有多高的產值表現，而是請些想要安穩工作的人來維持基本營運就好。

那些過去在戰場廝殺的環境與武鬥派的績優者，已不復見。

現在是溫文儒雅的時代。

溫吞的業務基本動作、

文質的介紹服務客戶、

儒風的職場不需管理、

雅緻的閒情坐等乾薪。

業務魂，何時能在風雲再起？

代銷公司的
作用。

建商規模有大有小，俗稱我們這行業的衣食父母，統稱「業主」。

代銷規模當然也有大有小，主要是受任於整體建案的銷售，細節不在此贅述。

在業主的眼裡，代銷公司多半就是請來協助處理推案銷售的單位，當然中間有許多眉角是跟檯面下的利益有關，除此之外，基本建商心態通常分為兩類：

A：聘用代銷公司與專業銷售流程是正常且不能去忽略的，服務費等認知早已計算在整體推案成本之中，不會因此認為這過程是自己的損失，同時也相當信任代銷公司的作用與其必要性的價值。

B：認為聘請代銷公司是多餘的開銷，不太能理解代銷的作用，但覺得代銷能賺，自己應該也可以賺更多，於是常會為了省下這筆支出成本而令產品滯銷或失敗，當然就算要聘代銷，也相當不捨這服務費的支出，喜歡亂砍亂殺價甚至見骨見血肉。

另外值得一提的是，建商自售的建案許多消費者以為會比較便宜。事實卻不然，省下的成本自然不會落入消費者口袋，這是所有業主的共通點。

那麼代銷，只是單純賣房子嗎？

或者只是很簡單的請人賣房子嗎？

如果是，市場上所有的跑單幫，只要有點資本人人都能開代銷公司了。

在高度風險化的一個工作領域，別說財務槓桿平衡了，不動產的歷史之中，有多少大大小小代銷公司說不見就不見，說跑路就跑路。真有這麼好做嗎？

許多案例是為了接案子，把自身財務槓桿極大化，邊賣邊請款邊支出，連半點周轉金都沒有，只要市場有一點波動，甚麼捲款烙跑欠款詐騙等等的消息就出來了。

說穿了，代銷要能保本的經營，所要擁有且真正的資本是「專業」。這兩字講來簡單，做來卻非常困難，甚至許多人是皮毛就當專業出來走跳了。

除了現場的銷售能力之外，首重個案的整體操盤技巧，有效率的掌控個案與市場判斷分析，盡最大的可能性為業主設定產品與有利的建議，避免作出太過理想而無法讓消費者接受的規畫，在此前提之下，代銷並非是甚麼產品都能做的，這也是風險控制在雙贏的基礎下而去累積的經驗，才能盡可能讓自己所承攬的業績都能有亮眼的成績，百戰百勝，是非常重要的。

而後是企劃與包裝能力，全世界所有的商品，都需要包裝與設計。當你去買一瓶完全沒有封套的礦泉水時，你敢買嗎？

而為了讓商品有吸睛與有讓消費者安心的觀感，包裝與廣告都佔據了不少成本。

同理，許多B業主是不太能理解這樣的概念。

在產品的包裝設計與企劃銷售上，是一種藝術與技巧，不見得每個建案都有具備完善的先天優勢，而包裝就是令所有的平凡變不凡，讓所有的陽春變豐富，讓所有的一般般變大師級，要讓消費者眼睛為之一亮。

同時也可以強化品牌力，塑造品牌力，創造品牌效果。

至今所有你感覺很好的建商，優質建商，高級建商，有口碑的建商。

除了自身企業經營的用心之外，有這樣的品牌強度，一方面是業主自行理解這塊的重要性而下足成本來轉型與建立。而另一方面則是透過相當專業的代銷公司讓包裝成為了一種形象進而累積甚至持續進化下去。

代銷，是經不起風吹草動的。

惟有踏實認真經營起來的種種能力，才有機會能永續生存，強而彌堅，甚至轉型升級。

同時也隨著時代變遷，不斷地要跟著消費市場的改變而不停的進步。

如果是淪為一種廉價代銷，可能要先反省的是，我能創造的市場價值在哪裡？自己的服務與競爭定位又在哪裡？

當代銷公司成為只能透過削服務費或拉高售價來競爭與接案，那種勢在必得的最終只會換得一塊燙手山芋，在歷史上，屢試不爽。

外界看到的也許都是光鮮亮麗的那一面，卻不知為了業績背後需要付出多少的代價。

雖然這是業務工作必須要的本質，也是高收入的一環。

但其實在這廣大的工作領域中，能真正賺錢致富的超業是少之又少。

可似乎很多圈外人都會以偏概全，覺得做業務就是很好賺，那可是天大錯誤的觀點。

業務：全世界所有人與人接觸的溝通，都需要業務技巧。

即便是家人情侶之間，即便是一般朋友同事之間，甚至親子教育之間，所有的一切交流，都離不開這兩個字。

簡單講，這是一種溝通技巧，越敏感越高明越有經驗甚至口才很好的人，那麼在這層面總是能引領風騷，讓人心服口服。

而運用在商業上，就是種買賣，談判，交易，斡旋等等。

有人天生適合吃這行飯，有人天生嘴巴硬舌頭短腦袋直。

可以練習，但卻強求不來，沒有心，就難為。

但無論如何，這份工作是多重考驗。

它需要無限的熱情，不是在賺錢這檔事上面，而是在業務這件事上面。

業務是一個沒有底限的哲學與專業，它永遠沒有畢業的那一天即便你幹了一輩子。

始終是師傅引進門，修行在個人。

如果對這兩字沒有熱情，就很難持續下去，會很累，會很勞，會時常想逃，會壓力巨大，會怨天尤人，甚至會情緒崩潰。

所以必須培養自己要愛這份工作，要非常非常的熱愛。

那麼你的動力與鬥志就能幾近無限。

只要熱情足夠旺盛，業務能力就絕對不會太差，業績也肯定不會太糟。

業務同時也需要時間與各種經驗去磨練自己。

要有強大的心理素質，要夠敏感的觀察與感覺，要夠果斷的決事與效率，要夠靈活的反應與思維，要夠清晰的口條與邏輯，要夠認真的服務與態度。

業務絕對比一般工作來得艱難，當然如果做得不好，收入也是非常微薄可憐的。

業務主要是爭取業績獎金收入的，如果沒有成績，就沒有做一個好業務的理由。所以在低迷的市場時，這樣的工作簡直就是煎熬，因為沒有成績，所有的一切都是藉口跟理由，結果論的最後就是有與沒有業績的分別而已。所以業績掛帥，業績說得算，沒有業績，甚至沒有尊嚴。

同時也要付出很多的時間，大多業務工作需要配合市場的消費時段，所以多半要責任制的服務各種客戶，也難指定安排自己想休的時間。

一種勞碌命的代表，你不做，就沒錢賺。你做了，也不見得有錢賺，你努力做了，也不一定會有滿意的結論。

很有趣的是，業務提供了很多挑戰，如果好高騖遠，好吃懶做，沒有戰鬥欲望本質的性格，得過且過的態度，混時間，度日子，還是當作一個兼差或過渡期，那是不可能做得好的。

業務，不是一份簡單的工作或事業。

業務收入，也不可能那麼容易，也不可能天降禮物。

業務的一切，全都是拼來的。

柒／**自我審視**

自己與鏡子之間的
對話祕密

角度廣泛存在於各個立場與角色之中。

勞方的角度、資方的角度。

買方的角度、賣方的角度。

根據彼此間身處不同的位置，都會有著各自不同主觀的思考角度。

人性的本質是天生的自私與自保。

所以當自己站在甚麼樣的認知點，都會很自然以自己的角度做出發點來想與看待所有的事情。

這是一個做決定與選擇的源頭，因為它深植在你的潛意識。

比如：

勞方者總是認為資方壓榨苦刻對待，但每每自己做了老闆之後才會了解立場的處境。

資方者總是認為勞方無止盡的要求，但每每自己下了身分之後才能體會弱勢的無助。

買方總是認為賣方賺太多嫌房價貴，但每每自己的房子要賣的時候都覺得價不夠高。

賣方總是認為買方沒有水準亂出價，但每每自己要買房子的時候也要仲介多砍一點。

其實，不要否認自己的思考角度沒有問題。

因為這是一個將心比心的時代，把自己的好處想盡了，也總都是在他人的身上挖取些甚麼。

自己贏了，別人輸了。似乎佔了便宜才是聰明人。

也好像是要從對方身上撈盡優勢，才叫會做生意。

很多時候，讓一點空間給別人，也給自己爭取一點餘地。

放空一些，設身處地的去思考，也為人際爭取多些機會。

想事情與做事情的角度，必須要多元化，使得整個關係鏈是圓形狀，而非鈍角銳利的多邊形。

當人與人之間充滿了以德為主軸，讓對方總是感受到你的在乎與關心，真實的能在一個平衡的角度來思考大局。

長線來看待，那才是最大的利益。

因為你永遠不知道你得罪的人在未來會有多壯大。

你也永遠不會知道你幫助過的人在未來會有多強。

著眼腳下的自私，你只會拿到現在的小貼士。

放眼未來的雙贏，你將會得到以後的大寶庫。

思考的角度：是需要練習的，因為它也能為你帶來改變。

最好從現在就開始就拿掉有色的眼鏡。

最好馬上就習慣用對方的角度在思考。

如此，你會發現世界大不同。

放棄掉以利為核心的角度，今天不賺不代表以後沒得賺。

不動產工作總是以人為本，每一個人都是你的潛在資源。

於此，未來的路越大越廣闊。

有時候寫文章，是種舒壓，也是種自我考核。

每一個時間點，創作出來的東西也是一種紀錄，回頭看看，可以知道自己有否成長與進步。

其實也不過是把心裡的想法與思考透過文字表達出來如此而已，對於那些相當厲害的文學作品與作家，也能透過閱讀來吸收前輩大師所運用的技巧及其內涵。

創作，都有其獨特的個人風格，卻又害怕落入一種無法突破的框架，被制約住一種自己的慣性。

對於這種可以表達出不同立場的感受，必須先將自身思考在假設中為那一種角色，易身處地。

有趣的是，總是能自由隨心的帶出對於不同但衝突的風向，想寫不利於賣方，或不利於買方，都可以。

想以產品的優點論述，或缺點考量，也都可以。

為什麼呢？

其實這世間有甚麼人事物是十分完美的呢？

看待的是其優點面多還是缺點面廣而已，如果執著於完美，那選擇與決定就是種痛苦與折磨。

商業廣告文，不商業化，就沒廣告效果。

賣房子的不打著成績顯著的名號，就感覺平庸。

買房子的不批評論述產品的瑕疵，就沒存在感。

帶著立場面講真話不太會被認同，講假話反而會讓人相信，這是一個奇怪的生態圈。

著作，也非得必須營利，又或是必須有何結論。

越當有其目的動機，野心太過旺盛，往往事實都會與自己的計畫背道而馳。

習慣了那種說變就變的狀況，做不動產，不是在於多會參謀，而是在於解決問題與應變速度的能力有多完善。

聰明的人很多，有智慧的人卻少。

聰明往往不需要任何委屈，但智慧卻要犧牲不少自己的欲望。

當為大局而想時，其實自我的一切也都不再這麼重要。

這個行業是個漩渦，也是個染缸。

要出淤泥而不染，那就是邊緣人。

要出色於一片雜，那就是個怪人。

能急流勇退的大智若愚者，更是奇葩中的奇葩。

這個工作要做終身事業的話，也未免太辛苦乏悶，用來累積子彈，單純一點比較好。

讓不動產令自己變成一個圈內控，那也太悲哀。

放下那些虛華的表面，勢力的野心，權力的威望。

也不過是個平凡的肉身之軀，快不快樂，可能也只有自己才知道。

不要賺了錢也不快樂，沒賺錢也不快樂，那人生就尷尬了。

往往沒錢有沒賺到錢的煩惱，有了錢又有了更多的苦惱，那是何必呢？

不動產有趣的地方是：

你努力了不見得就會怎麼樣，但你不努力就一定不會怎麼樣。

但是怎麼樣了之後，往往都會在掉入另外一層漩渦，周而復始的不斷循環，幾載過後，依然對著鏡子問著，自己到底在幹嘛。

只是從一片普通平凡的鏡子，變成一面帶著豪華鏡框的鏡子罷了。

「莫忘初衷」。

把人放在對的地方，還是人自以為應該要在什麼地方？

千里馬跟伯樂，到底何者為因，何者為果？

這兩者，不見得建立在主雇關係、傳承關係、伴侶關係、還是好友或同事關係。

這兩者的定義，究竟是來自主觀，還是客觀呢？

這個問題似乎常見於現代商業與公司組織或團體之中。

千里馬沒有遇到伯樂。

千里馬遇到了假伯樂。

千里馬誤解了伯樂必須是什麼立場。

自以為是千里馬。

伯樂沒有遇到千里馬。

伯樂遇到了假千里馬。

伯樂誤解了千里馬必須是什麼立場。

自以為是伯樂。

人才也許萬中選一，但也有可能是大器晚成。

很多人在苦怨自己總是沒有遇到貴人或機會平台的時候，是否可以有種反向思考的可能性是：你會拉拔現在的自己嗎？你會給現在的自己一個機會平台嗎？現在的你憑什麼必須得到這樣的成就呢？你值得嗎？

把人放在對的地方是種器度、眼光、智慧的綜合結晶，越能準確的判斷與行事，就越能創造出卓越的人才與重要支柱，更甚者還能開枝散葉。

這不僅是身為一個領導者、組織者最須具備的能力，更是一個團隊是否能成就的關鍵，當然也決定了未來你能做多大的事業版圖。

相對的自己是否能成為一個棟樑，則是另外一種自我考驗。很多時候，默默地去培養自己而不是去自我定調是千里馬或過多的高估，這是很重要的觀念基礎。

當自己沒選擇權時，代表你還不足以有被選擇的條件，不見得是時運不濟。但假若真是無奈，不過也只是時機未到罷了。

是否為一匹千里馬，是一種因。

但這個因，並非自己定義，也不可自認為是如此，因為千里馬真正的價值在於被人看到與發掘。

是否為一個伯樂，也是一種因。

但這是身為具有資源者的權力分配，如果是假雞毛於令箭的虛偽者，便很快不攻自破。

真正能創造出多方贏家的伯樂，除了緣分之外，其實是需要更多自己的能耐，這種人顯為少數，可遇不可求。

相互利用的時代已經過去了，相互施惠的原則，總是可以帶來不少的機會。

一匹良駒，他是隱形的，但他總藏在你周遭的人群之中。

一個貴人，他也是無形的，但任何時刻都支持你的人，都是伯樂。

當你發現周遭身邊的人，有令你困惑的地方，其實該檢討的是自己本身，因為同性相吸。

也代表著應該準備脫離舊有的圈子，來提升更多自己不同的層次與思考轉換，有些人可以廣結善緣，有些人點頭之交即可，有些人其實永遠就是個過客。

在不動產的領域中，其實沒有真正的朋友，當然也沒有永遠的敵人或對手。

這個世界充斥太多奇怪的人事物，很多人難以管住自己的嘴，也很難不去道人是非。

有許多時間可以去討論不重要的閒言閒語，卻沒有時間去衝刺或充實自己的內涵。

有人拼了命去完成使命。

有人盡了力去達成任務。

有人很認真的去求生存。

有人很努力的去過人生。

當然有更多的人是活在巧言攻訐之中，見不得人好是不動產業的日常。自私百態更是家常便飯。

物以類聚會自然淘汰與過濾，適者脫俗，不適者繼續沉淪，伺機潛伏於表面之下，然後等著咬你一口。

很多時候必須看空，畢竟是因工作聚合，就不會有太多的深入，重要的還是自己本身該如何從這種泥沼中學習成長些甚麼。

專注投入該做的事，為自己的理想而持續堅持奮鬥或努力，是現今景氣與時代下唯一能讓自己更好的不二法門。

對的人值得去將心易心，不對的人必須斷尾分類。

令這個圈內的物以類聚成為一種自己的食糧，而非去將自己聚類為那種奇形怪狀的某團某圈。

廣結善緣，順其自然。

不卑不吭，不拐不騙。

道正人則義，道斜行則偏。

磨的是性，練的是能，考的是心，驗的是人。

時間永遠可以證明一切。

人生在世，豈能都順如己願。

做甚麼事，過甚麼生活，總是會面臨坎坷崎嶇的道路，一段通往天堂的路，也是要爬過凌利畸角的岩石，磨練意志般的撐到最後，才能成就些甚麼。

沒有人會知道背後的心酸或苦難，也沒必要讓人知道自己必須要經過甚麼考驗或苦楚，只要記得是為自己好，做對的事，就行了。

這世上，有人支持你，當然也會有人反對你。

有人喜歡你，也會有人討厭你。

何必呢？

做好自己的事情，就是王道。

專注於自己的目標與方向，就是不敗。

堅持往往比變動還困難，放棄永遠是比較輕鬆的決定，但是現在自己的選擇，卻能改變未來的命運。

一段努力又刻苦銘心的奮鬥與努力，不見得會令人記得，這是一個講求結果論的世界。你成功了，屁都是香的。默默無聞的耕耘，要的並不是需要被人記住，而是在各方面的去讓自己的心態與觀念可以進化到一種所謂的智慧或開竅。

面對人的惡，可以一笑置之。對人的善，可以保持初衷。選擇做一個自己會喜歡的人，選擇過一個自己會喜歡的生活，不一定人見人愛，不一定大富大貴。

但不能忘了自己是誰，有恩記得還，有仇也不用記太久。

忌妒，總是容易令一個人變質。貪念，也會腐蝕心志。

將那些陷於負面的人們，笑傲江湖般的淡然帶過，那麼也就是一杯清水之交罷了。

過客就是這樣，有甚麼人事物是能永留長存呢？

也許剩下能紀念與學習的，也就是一種精神與態度而已。

天不一定將大任交於你，但肯定會磨其心志。不見得會讓你餓著體膚，但一定會讓你忙碌無比。把你壓縮到極致之時也還不確定會給你機會。

所以結論有那麼重要嗎？

其實把太多事情看得太重，就是另一段慌亂的開始。

把人事物看得平淡點吧。

心就能靜下許多，然後日子就會好過很多，自然而然機會也就慢慢多了。

平常心不等於擺爛，但平常心卻能令人無敵。

有一種自我訓練的哲學，叫做「看不起自己」。

其實自信，是來於對自我要求與他人比較後而顯現出來自我崇拜的程度。

多了則自負、驕傲、剛愎自用。

少了則自卑、羞嫩、有氣無力。

做不動產，需要7成的信心，3成的敬畏。

對自己能力的相信、對自己團隊的信任、對自己專業判斷的信心、以及對事情正向發展的信念。

對市場數據的尊重、對無形力量的寄託、對無法預期風險的畏懼、以及對凡事客觀判斷的尊敬。

為什麼一定要具備知名度呢？

為什麼一定要有身分地位呢？

為什麼一定要有實質成就呢？

很多人在不動產界充滿了許多「名」的包袱，好似沒有名氣沒有知名度就甚麼事都辦不到的樣子，但好好認真努力做自己的事，時機時間時候到了，自然就會有人知道你。不是嗎？

如果彼此間的交際都是建立在這些表面上，那就一點都不單純了。如果談的都只是工作，那肯定話題很有限。如果聊的都是利益與虛榮，那肯定是場無聊飯局。

甚麼時候開始對一些關鍵對象說起真話呢？

甚麼時候願意對一些合作對象說起事實呢？

對自己有信心一些，多練習那種被慣性看不起的感覺。

因為那一點都不重要，越去在乎那些世俗的眼光，就越會讓自己的心靈匱乏空虛。

越去在乎那些無謂的言語，就越會讓自己困惑與迷惘。

記得，五感之覺的清淨，不是來自於他人。而是來於自己的心。

你管不住別人的智商，但你可以控制自己怎麼想。

你管不住他人的嘴巴，但你可以控制自己怎麼想。

你也管不住任何人的耳朵會聽見甚麼，也管不住無數眼睛對你的好惡，但你可以控制自己不去在乎這一切。

做好自己的事情，可以充實。

做好能做的事情，可以踏實。

做好該做的事情，可以精實。

與其把希望與期待放在別人身上，不如多把自己磨鋒磨亮。靠人不如靠己，求人不如求己。

學習如何不斷地充實自己的內涵與深度是一個關卡，學習如何藏拙歛芒又是另一道關卡。前後兩者之間是成正比的相互平衡與依賴，缺一不可。

忘記自己有多少價值，可以沉澱心神。

忘記自己有多少功勞，可以滋潤心靈。

忘記自己有多少名聲，可以修身養性。

權、名、利，都只是成就自己理想與人生的工具罷了。

真正最後會待在身邊的人，絕不是那些曾經的過客，也不是曾經往來合作的同事，更不是那些酒肉之交。

把利益分享給那些最需要的人們，把功勞感謝給那些最努力的人們，把名聲堆給那些需要成長的人們。

把一切的表象，多多捨得與他人分享，那麼時間漸漸會讓你可以一路平順。

人人都知道凡事都得練習需要正面思考的重要性，但往往講得簡單，做起來卻很難。

何謂正向思考：就是無論遇到任何大小事，無論有多麼不順遂與倒楣，無論受到甚麼壓力或不可預期的衝擊，以及在人生階段上的方向。

都要往好的那面來想，把不好的那些徹底撤除，比樂觀還樂觀、比淡然還淡然。

但為什麼說易行難？

因為我們都是人，我們都是凡人不是神聖。

既然為人，就會有很多情緒以及個性使然，在生活與現實狀況下的許多種種，若都以正向思考來面對，就意味著必須先苦後甘。

如果一直任情緒左右來牽扯自己的言行，那是最輕鬆的選擇，很多人無法控制，自然就很難冷靜，而人性的邏輯也就往那最簡單的方向來自主發展延伸了。

如同肉包子打狗的結論一樣，負面能量容易使自己往墮落的方向走去，就像沒有狗會不吃肉包一樣正常。

而正面思考，卻是逆向人性邏輯，因為你必須先欺騙自己這樣不好的事實是種無形的考驗，是為了要磨練自己，是為了要讓自己更好。所以你不能往正常人會走向的情緒來思考並可以很理智的控制自己。

如果人沒有任何情緒，就也不太好，那失去了活力與熱情。太過樂觀，可能又會不斷遭受事實打擊，太過平常心，是否又會太消極。

所以正向思考，其實也是種自我修行，強度越高，效果就越好。

現今的人們，多數慣性依賴著自我的意識往舒適圈裡靠攏。為何不願意冒險、挑戰，為何不願意犯難、突破。

因為不想，因為種種的負面思考拉著自己。

而這些不好的能量，也許當下生活你覺得是輕鬆的、簡單的。但相對地也很難有未來可言，不是百分百，但比例會很高。

而如何正面思考？

極度的壓縮自己、虐待自己、強迫自己、高度嚴苛的自律自省。

當把自己推向極限的時候，環境就很難再給予自己產生太大的打擊。

把事不順己當成是種家常便飯，把事事如意當成是一種上天恩賜。

敬畏命運給你的一切，即便只是一根螺絲釘，但好好運用，也能改變戰場的結論。

把每天、每一刻所發生的垃圾事與倒楣，全當成是餵養自己的食糧，每日必要一衰，不衰不爽。

我們需要練習的，是自己的心態與精神力量。

是修習人生的功課，藉此來不斷壓縮自己的實力與內涵。

正面思考，非常重要。

因為能做到多少程度，也能造就多少自己未來的可能性。

而誰會看到你的辛苦與耐勞？

上天都會記得，今天還沒回饋給你，代表時機還未到。代表磨練的還不夠，代表自己必須要在學習更多、忍耐沉寂更多。

命在自己手上，運在老天手上。

自己不認命，運也難以如臨。

人生，是不斷地從矛盾中做選擇。

自小開始，從求學、入社會、工作、感情、家庭、事業、各種大小事，不間斷的考量與選擇，然後做決定。

可曾想過，有無另外一個平行時空的自己正過著甚麼樣的日子。在過去那些不同的決定，能否走出更好的路。

時間是很寶貴的維度，甚至超越金錢與物質。它是走過流逝就不再回來，怎麼運用這樣的資源構築自己的人生，時常能決定自己未來的命運。

大多數的人：

年輕時，用時間換取金錢。（不一定換得到）

青壯時，用健康換取金錢。（不一定換得到）

中年時，用金錢換取健康。（不一定換得到）

老年時，用金錢換取生活。（不一定換得到）

在這樣轉移的過程中，金錢也許可以滿足健康與生活的水準程度。但無論如何卻也換不回時間。

時間，無價。

有些人，時間很有限。有些人，時間長了點。

但人們所想要的「空間」，都必須以「時間」投入做為一個交換值。

所以時間的「投報率」，是比金錢還重要的元素。

如果能及早理解這個道理，那麼理論上人生會走得比一般人快一些，成長也會突出於同齡環境。

但對於時間的著重，並非急躁，並非匆忙急趕。

而是在於對時間分配的投入該如何運用是對自己最有效益且幫助最大。這也是一種投資概念。

在現今的社會常態，走捷徑似乎是人人的慣性思考，能怎樣快速的爬上頂峰或達成目標，已經是人們的生活重點，似乎儼然忘記時間的意義與重要性。

通常越想急進，事實都會給予相反的打擊，要的是讓你從失敗中學習。

通常越走捷徑，事實也會給予更遠的道路，要的是讓你從迂迴中成長。

既然如此，時間究竟該如何投資？

其實很簡單，「有意義的充實」。

你能站得多高，就能看得多遠。前提是你的深度與內涵能否可以爬到足夠的高度，物以類聚是千古不變的人際定律，想要擁有更紮實的人脈與真好友，先把自己從膚淺升級成又深又廣吧。

人們重視的是你這個人，還是你的錢或名、亦或是可利用價值，決定在於你是個甚麼樣的人。不是在你的位置。

充實，是很曠日廢時的。如同好習慣的建立需要陣痛期，須要時間。

同時若能從這種有效率的培養自己，甚至能累積超越同齡數十年以上的歷練。雖不至於能談如何成就，最少你對得起時間。

自我的養成，並非追求於物欲或虛榮，而是更謙遜地面對人生。面對自然界。面對所有的人事物。

若想要取得成功，請先充實自己的壓縮彈性在能力上。

若想要取得健康，請先充實自己的生活作息在運動上。

若想要取得生活，請先充實自己的興趣心性在態度上。

若想要取得快樂，請先充實自己的一切涵養在思考上。

對不起時間，就是對不起自己。

不要為了錢去盲目迷失了自我，金錢權力名望，充其量都只是個工具罷了。

讓另外一個平行時空的自己羨慕自己的人生吧。

還記得最當初那自己發下的宏願嗎？

記得初生之犢的那份努力的初衷嗎？

時隔多年，又或者是已經不同於以往的身分地位了，可否還記得那曾經甚麼都沒有的自己。

人很奇怪，常常會在失去一切之後才想起該怎麼檢討自己。總是在面臨到現實失敗的打擊之後才會再次想起那個最初的自己。

我把這定義為：過期的努力。

不是你不好，也沒有對錯。只是你已經忘了自己是誰了，而當於此發生時，在你眼裡的世界幾乎只有自己，儼然已經淡忘那些曾經幫助過你的人們，或是那些曾經為你努力拼鬥付出的團隊們、好友們。

當人在某種領域已經到達了一定程度的水準，或是經由過去的認真努力成長了起來，或是突然賺了不少錢。就會發生「換了位置也換了腦袋」的事出現，在組織之中的權力也成了一種使喚命令的習慣，且高姿態的在面對所有人事物，慢慢地把自己給吞蝕了。

有發現嗎？

頭越大的人，就越愛分對與錯，也最愛跟人談自己是對的。可在工作上，哪來那麼多對與錯，在人與人之間，又何來那麼多對與錯。

越自我的人，很難平等地溝通交流，因為所有的論點基礎都在自己身上，幾乎不會換位思考或將心比心，自然發生問題與狀況的時候，錯，全都是別人的。對，全都是自己的。

但有想過嗎？

除了談生意或利益往來之外。還有人會找你嗎？

除了在工作上的需求之外，還有人會想起你嗎？

有些人無法捨得那種存在感，有些人卻能淡然居於幕後，有些人更無法忘懷那種虛榮與優越感，還有更多人是享受著那種權力與高度感。

以上這些，全部都是把自己曾經有過的努力全部讓它變質過期了。

麻雀變鳳凰，有朝一日若有躍上枝頭的機會，千萬別真把自己當成了神鳥，人有高低之分，卻沒有貴賤之別，脫下了外殼，每個人都是平等的。

記得自己所擁有或努力經營來的一切，全都是有原因的。

那是個命運與上天給自己的考驗，那是要你牢記別忘了感恩之心與謙虛之情，要你記住別忘了自己。

否則，總有一天，你將會失去一切，時間問題而已。

千萬別讓自己所有的努力，都過期了。

站得越高，必須蹲得越低。

爬得越快，心就得要越慢。

別人是別人，
自己是自己。

嫉妒是人性的原罪之一。

有一說嫉妒是來於自己所想得到的慾望卻辦不到而產生的負面心情，那麼這種情緒就會影響到自己的言行，也會腐蝕了自己的心態。

在不動產這樣的行業特性之中，這樣的案例層出不窮，見不得人好，或才能突出者與業績姣好者易招嫉。

有時智慧的長者會告訴你，做好自己的事就行了。

那麼為何這種產業容易令人勾出那些人性之中不好的黑暗面呢？

因為在高度利益化競爭與高壓的環境與圈子裡，爭取的都是每一次可以賺錢的機會，可以做生意的機會。

而在彼此競爭的過程中，要能放下自己給予他人衷心的祝福，是很困難的，尤其越為強勢的性格，就更為難得。

「比較」，是審核彼此競爭力必備的過程。

可就是因為一直在比較，所以產生了嫉妒或其不滿。要放下嫉妒，就得放下比較，這樣不是很矛盾嗎？

沒錯，不動產業就是充滿了種種矛盾。

甚至從踏入這行業開始起，就是一種修行。

我比你好，他比我強，你比他差，等等

我賣得差，他賣得好，你賣得爛，等等

充滿著虛實不明，充斥著商業機密的圈子裡，答案，真的有這麼重要嗎？

所以埋頭苦幹做自己的人通常在這行業經常會被認為是怪咖，但要在乎別人那麼多是要幹嘛呢？

別人賣得好與不好，都跟自己無關。

別人做的差或不差，也跟自己無關。

潛心，就該修為在自己的心態與情緒上，清楚明白的做好自己的事，努力自己的方向就行了。

「比較」，永遠只有一個對手，就是自己，或是過去的自己，不會是別人，也不會是同業，更不會是競爭對手。

放下嫉妒，拾起祝福。

心中越少嫉妒的人，則會越強。

「別人是別人，自己是自己，別人做別人的，我做我的。別人好，我祝福，別人不好，請加油。」

高智商，不見得有高情商。

但EQ卻是能獨領風騷的關鍵，比是否為天才或高IQ來得更為重要。

情緒智商，意味著對自身情緒上的控制，對憤怒的掌握，對任何人事物影響牽動著自己各種負面思考的調適。

一個高EQ的人，不僅可以有運籌帷幄的人際關係，更可擁有快樂的生活與家庭氣氛。

因為人們的情緒，尤以越為重要且有影響力的人，越會牽扯到整個團隊的效率與結構。輕則會推開支持你的人們，中則傷害跟你親近的人們，重則事業衝擊家庭破碎人生失敗。

對人們生氣，對人們憤怒。一點意義都沒有。

「生氣就是對自己認輸」，我們都需要學習培養如何掌控自己的怒。因為這世上不會有任何一個人因為你的情緒綁架而改變，也不會有人因為你的憤怒與嘶吼謾罵而服氣。

反而那些你綁架與生氣的對象，會因此而更疏遠你，更不服你，更想逃開你，或者挑戰你。

憤怒有破壞的能量，破壞你的一切，包含你的運氣。

喜悅有創造的力量，創造你的一切，包含你的福氣。

當你心有各種壓抑或事不順己，總是會有很多不滿的抱怨，有心理不平衡的忿恨，有很多為什麼這種倒楣事會在自己的命運之中。

當你越無法走出這漩渦，就像在泥沼之中越掙脫就陷越深。

如果無法打從心底的去轉換這樣的思考與想法，無法衷心的去改變自己的心態，那

人生就會一直被情緒所掌控著。

喜悅就像存款，憤怒就像借款。

一正一負，一來一往。一個是在人生路上不斷存下資源，而另一個則是不斷的在提出資源。自然兩者之差有天地之別。

憤怒時，會讓人失去判斷力，也無法與人溝通。人們在生氣的當下多半都會以否定他人或對象來證明自己的情緒動機是正確的，在氣憤的時候，沒有人會覺得自己是錯的。然而沒有人喜歡被否定，沒有人能接受被羞辱。你在忿恨時握緊拳頭，又如何跟對方握手呢？

控制情緒上的衝擊：

1.想一想別人眼中的自己是甚麼樣子？

2.這些生氣所拋出的一切言行值得嗎？

3.接受現實，不能認為「自己才是對的」。

4.不要追究對錯。

5.與其生氣，不如改變自己的行為。

6.轉換正面思考，培養屬於自己能即時冷靜的方式。

很多時候，在立場或關係職位上的高位者。

常常會很容易因情緒就發難於下屬、親友或周邊人等等，但為何這麼簡單就忽略掉這樣的EQ自律呢？

因為多數人會認為「我比你高位，你比我低位」，我對你冷言冷語尖酸刻薄或氣憤謾罵言語汙辱都是正常不過，因為你做錯事，因為你說錯話，因為你沒有進步……等等之類。

而越這麼頻繁，越這樣的不能受控，就會產生眾叛親離的結論，時間問題而已，即便是家人夫妻，也會因此破碎，更別說職場關係。

如果不想換得對方敷衍的態度，就先從改變自己開始。

情緒綁架是無法改變任何對方的，只能從自己的變化先起步，才有機會感染他人，改變他人。

初出茅廬時，總是先相信人性，質疑人性，了解人性，看透人性，最後善用人性、順應人性、淡然人性。

甚麼是人性，自古人類有了學問與知識就在探討的議題。獸有獸性，人有人性。

對於動物的慣性邏輯，在天真的人也會知道肉包子打狗的結論如何，可在人性上面，就卻也沒那麼簡單如此。

以孔子為首的儒家倡導人性本善。

以荀子為首的法家倡導人性本惡。

可玄妙的是，在人類發展的歷史之中，當你需要招募廣大的人民大眾支持與篡起的野心跟想掌權之時，你會告訴大家自己是仁義為重等等，以人性本善的基礎來宣揚理念，但每每成功之後的所有帝王甚至到現代的領導者，有了權力之後在來開始做的就不再是先前的承諾與仁義，而是法治。

法的基礎就是性惡論，而事實也是如此，用愛與信任無條件的管理國家，管理企業，管理公司，管理組織，那可是會國濫財破的。

所有的政策、制度、規矩、賞罰，全都是以人性最壞的可能性來建立，以避免人們犯罪，或者犯下足以背叛或影響大局利益的言行。

然而這之間的平衡，卻也是個值得去省思的地方。

過度的利用人性或者太看透其黑暗面，就會令自己陷入一種困惑漩渦而難以信任他人導致不開心的生活或人生。

人性雖然是種事實，但要怎麼看待選擇權都在自己身上。

想要性善論，那麼日子可以過得開心點，也許總是會讓自己受傷，但其實也無妨大礙，不值得跟自己過不去。

想要性惡論，那麼自己不太容易會受到他人的傷害，但真的日子好過嗎，其實也只有自己知道。

人性如獸性。

狡兔死，走狗烹，大難臨頭各自飛。人性建立在自私自利與自保為最優先的考量，同時也是人們最自然的反應。

只要有利益上的往來與糾葛，只要是有形或無形上的付出，就會有此問題產生。

「見證人性的時刻」，都在於自己的每一個選擇與決定。是相信人性，還是質疑人性？

人性以致六親不認，以致超出平常自己的為人反應，以致做出不可原諒的言行，以致謊言欺瞞與手段，各種負面與黑暗跟邪惡，都會讓你覺得人性本惡是真理。但其實可以很淡然地去看待它。

能控制情感與欲望的一切，才能真正的做到性本善。

而那種高度自律，就能產生出莫大的力量回到自身上，也許能稱為是上天的眷顧，或是傻人有傻福。

不求回饋的付出，不求自利型的分享，不求回應的捨得，不求好言的支持，不求凡事以己為主的行事。也許當下或過程種種也許總是會讓自己失望，但沒關係，那都是種考驗，當真正的淡然於一切之時，好事總會降臨。

初生之犢時：

求會做事，如工作狂上身般全往基礎訓練上砸。

在這時，所有人與人之間的關係、交際、人脈，全部拋在腦後。

人生的順位永遠都是工作第一，進度第一，賺錢第一。

為了自己對於能力上的多元化與野心去拼，從白紙一張起，沒有身分，沒有職位，沒有特權，一個口令，一個動作的從菜鳥幹起。

對於成功的渴望就像聞到血腥味的鯊魚，對於成就的追求就像餓狼撲兔。

但結論的收穫是得到一切，代價也是失去一切。

驚警之覺時：

求會做人，開始願意打開封閉交際的那一塊，慢慢去認識一些不同種類的人們與交往。

也重新去建立自己對於人生的態度與想法，開始覺得工作與賺錢不再是那麼非重要不可的任務了。

也從過去的代價之中去謹記那跌跤的痛，但要再站起來，除了自己的心理素質之外，不可否認的是因為漸漸打開那塵封已久的鎧甲，而認識些真正好友們的支持與鼓勵。

也從這樣的過程之中去學習吸收人們的優點，試圖從那種優越感去轉變為一種內斂之鞘，識著去謙虛的看待一切，雖然還嫩，但開始踏起那一步時也就是一種進步。

感慨之悟時：

求會為人，發現那該死孤傲又怪僻的性格所帶來的停滯，又開始於困惑於何為人，又該重於何事。

似乎惟有去真誠的潛修與面對之時，才能看清自己的底部，這種時候，所有的表面與日常，都只是種循環而已。

想要尋求各種事物的本質，想要找到很多事物的解答。

然而，人生最大的敵人是自己，最大的貴人也是自己，最大的阻礙是自己，最大的協助也是自己。

其實所有的一切，都還是只能靠自己，但腦袋所思考的理智，並非是改變的關鍵，最重要的是了然於心。

淡然之豁時：

求會生活，真正的成功，不在於有多少成就，多少財富，或者擁有多大的事業，多大的權力。

而是在追求自己目標的過程中，去得到了些甚麼，有形或無形，但拼盡一切的最終，不過就是平淡的生活而已。

可矛盾的卻是人生的現實必須要全方面的完善，但這所謂的完整，說穿了就是各種中庸之道。

學會怎麼過著自己想要的生活，沒有煩惱、沒有埋怨、沒有躁鬱、沒有病痛，正面且樂觀的，不是得過且過，不是極端工作，不是消極擺爛，也不是頹靡耗日。

因深感時間快速流逝，而也發現了自己也浪費了不少時間在等待，這個世界的運行好似你不重視它，而它也不會給你任何提示。

於是建立自己心滿意足的行程表與改變生活習慣就很重要了，無論把時間投資在哪一個項目，最少你充實了。

目的地只有一個，在未來的哪一天開始啟程那種懂生活的自己。

起，承，轉，合，終於淡。

名，利，權，勢，終於然。

友情有時候，是比愛情更為稀有。

人際交往，必須要建立在尊重對方獨立人格的前提下，不能無限苛求與索取。

一旦你的要求超過了對方心理能承受的，相互的信任就會迅速轉化為不滿與怨懟。

也並不是每個人都能夠成為朋友，只有那些具有平等觀念、平等意識的人，才會有結交的機會，也有道是今天你是怎樣深度內涵或高度的人，除了眼界不同之外，你的好友們也同樣有著物以類聚的特性。

每個人對周遭人都會有定位，如果不關心也不清楚對方的特性，就必然會犯觸到對方的底線。

所以君子之交須淡如水，朋友之間一定要尊重對方的私人空間，如果得寸進尺，就會失去友情。

大多人們會隨著年紀增長與人生歷練，最後真正剩下的好友們屈指可數。

我喜歡且習慣放下利益去認識一個人，有些人是為了賺錢而到處結識，有些人是為了其他目的而廣結善緣。

但我認為這心態是相對的，今天你用甚麼角度去與人相處，就會換來同等的對待，如果把人與人之間都建立在條件交換或談判上，那就永遠得不到真心話。

「想要探取對方的祕密之前，先告知對方自己的祕密」

這是一個取信深交的技巧。

不要想求回饋而行動，但不先付出就不可能得到回饋。

既然是難得可貴的友情，就不需要計較自己的捨得。

能談得來的好朋友，能聊得開的伴侶，值得珍惜最大的意義是其為一面難得的鏡子，藉由這樣與自己相像的人們，更可以多認識真正的自己而不枉此生。

「良藥苦口利於疾，忠言逆耳利於行」

如果自己能有器量如海的風度，你就會發現周遭的人更為有才有能也更真心，同時還能彼此成長。

放下利益與目的，你能得到更多。

「三千年讀史，不外功名利祿。九萬里悟道，終歸詩酒田園。」

感觸如何？

人生在世，有的為了利，為了權，為了名，為了勢。

有人為了證明自己，有人為了過好的生活。

學的技能，領的經驗，甚至讀書求學歷，為的是甚麼呢？

不動產工作是種人生的縮影，不見得能看盡百態，卻可以讓自己更清楚自己所要的終點。

人如果不知道自己所要追求的，那會很累，也很浪費時間。

有人說為了另一半而奮鬥，但真實如此嗎？

有人說為了家庭孩子奮鬥，但真實如此嗎？

有人說為了人生目標奮鬥，但真實如此嗎？

剖開那些已經被制約住與侷限的生活，是否會想飛？

有些人適合做英雄，有些人卻是天生的梟雄，有些人只是常態性為產業圈內的狗熊。

試問那些整天喊著要抓住機會的人們，你們又花了多少的時間與代價在準備與充實自己呢？

代銷很妙，只要長期熬住在一個市場上，只要在對的時間成功1.2個具規模的案子，你就發財了。

有些人發過這些財卻負債更多了。

有些人做一輩子從沒發過這種財。

有些人把握這財富瞬間成長壯大。

有些人存下這財富淡然轉型退休。

所以這話說得有感。

三千年的歷史，英雄也好，梟雄也罷，狗熊也算，不外追求功名利祿的本質，因為那是人生的過程。

九萬里的悟道，走到最後，繞了一圈，人最終片刻享受的，不過就是平淡如飴。

「佛為心，道為骨，儒為表，大度看世界。

技在手，能在身，思在腦，從容過生活。」

不要太拘泥於外在，不用太介意人們的眼光與嘴中言語。如何過著自己想要的生活，是種智慧，更是種選擇。

現在這個經濟亂世之中，能知足惜福，就是最大的「把握機會」。

最大的目標總是看起來很遠，但其實這也是可以分期付款的，把一年的總目標，化成一個月，化成一週，化成每一天。這時候，就需要堅毅的耐心持續它，慢慢地才能有機會實現那真正遠大的目標。

「習慣影響個性，個性決定命運」

真正的個性是很難改的，但習慣卻可以。

習慣是需要透過制約來維持，而這樣的開始，都會有陣痛期。畢竟要做到自己原本認為自己做不到的事，做自己不願意做的事，是有相當的難度。

壞的習慣建立的快，因為那些都是「自己想做的事」，也是人類最大的惰性。自然壞習慣很好上手卻又難改。

好的習慣很難建立，因為要逼自己去做，要要求自己達成，要自律，要堅毅。自然好習慣難上手卻又不好維持。

「明日復明日，明日何其多，我生待明日，萬事成蹉跎」。

每個人都上過的課，每個人都知道的一句話。但要做到，卻難。

要制約自己，從今日開始，從現在開始。

要養成習慣，從今日開始，從現在開始。

如果沒有辦法即時就開始完成分期付款的小目標，那幾乎更不可能達成那些最終目標。就會落成一種空談，講幹話般的虛無飄渺。

然後，時間就這樣過去了，還是一事無成。

很多特質，想要成就某些事情。從0到有，是需要自己去培養的。有些人天生就擁有，有些人卻是要後天來養成。而這種種的關鍵，也要看自己對目標的執著與決心。並非很多人都對自己的工作有熱情，也並非所有人對賺錢這檔事有興趣，當然

也不是所有人都肯願意付出一切去換取些甚麼。

這需要開個竅。

「士隔三日，刮目相看。」

讓自己成為一個不一樣的人，是需要代價的。

最少，它不會讓你荒廢荼蘼一生。也許那些對自己好的小確幸是種補償，但絕不是停止成長改變的理由。

開源 VS 節流。

開源：收入與賺錢的能力。許多人所追求的上限數字，也是大部分的人認為生活想要好必須也被最重視的一塊。努力與奮鬥的結論與成績單。

節流：儲蓄與省錢的能力。比較少被關注的一塊，如果開源是為了更好的生活品質，那麼節流就是壓抑自己的生活水準與消費慾望。忍耐與自律的成就分數。

大部分的工作收入數字是固定的，越穩定，就越不太會有甚麼變動。而業務、做生意、副業或投資等等，才比較可能有突破的空間，或者突然爆發性的成長。

人們為了生活，為了實現目標，為了想要甚麼。追求金錢與財富並無不妥，也是奮鬥與拼命的理由。但往往越實現了這些滿足，就越容易迷失而無法自拔。

相對的，節流則是比開源更高難度的自我要求，因為它與開源是相對矛盾的兩極。

所以很多時候人的個性天生就會往這不同的方向走去，也是積進與保守的代表。

但許多的事實可以證明。

節流，是遠比開源更為困難的能力，而且是更為重要的成功條件之一。

「不在乎能賺多少，只在乎能省多少」。

透過時間的累積，有效的節流可以保存你的開源收獲。

更可以不斷放大這些所存下的金錢實力。

同時這也是個讓自己生活平淡且富足所必備的一種人生態度，透過沒有欲望的習慣，沒有必要且浪費錢的制約行為，沒有那些非要不可的任性。那麼久而久之，自然擁有比金錢價值觀更為可貴的信念。這樣就離真正的成功不遠了。

常常突然遇到自己想要消費的時候，看到那些金額數字，很多人會想「那我多賺一點就行了」，或者「對於我的收入這些數字算甚麼」。結果一念之間，就這樣買下去了。但這樣的循環不是只有一次而已，是很多次，是無數次。等到帳單來了，才

會有那麼一丁點意會與警覺原來積少可以成那麼多。

但假使這時如果轉念「少花一筆就多省一筆」，時間過去，這時會發現那些原本該在帳單上出現的數字竟然跑去存摺上了。

與其盲目的追求利益，不如紮實的檢討自己的生活習慣。

積少成多，聚沙成塔，滴水成河。這幾句話可用在消費帳額或債務上，也可用在存款數字與節約上。

如果某天，自己成了一個開源好手，同時也別高興，這只是第一步而已。更困難的考驗在於怎麼看待與運用這些金錢。

但絕對不是補償心態上的浪費，或者炫富成就般的誇耀開銷，當然更不是散財童子。

節儉但不摳門。大方卻不是小氣。

是金錢只花在刀口上。只花在有投報價值的事上。

「圓」是種循環，是種延續不斷，是種無法用外語解釋內涵。

天圓地方：一種自中國古代而被傳承下來的智慧。
漢朝時，人們相信天是圓的，所有的時間都是圓形的循環，人所居住的空間是方
的，而這也是古代最早被稱為「宇宙」的涵意。
「四字上下曰宇，古往今來曰宙」

四方上下，指的是空間。
古往今來，指的是時間。

而宇宙，就是時間與空間的組合。
古代帝王登基時，會蓋一間公布政令的空間叫明堂，它是方形：外環會建立一圈水
池圍繞明堂叫辟庸。所以皇帝站在天圓地方之中，代表了人的定位。

古時中國銅鏡，圓形鏡框中刻上了方形框線，古錢所鑄造的錢幣，也是外圓內方造
型。古人認為，圓與方的組合，就是秩序，也是規矩，是一個把時間與空間平衡起
來的完美，也是代表做為人的定位基礎。

規矩：圓規，圓為規。矩為尺，則方。所以規矩二字，也是內涵了方與圓的意義。
圓，也代表了圓滑。方，也代表了原則。也意味著做人必須圓滑但不失原則。

達文西：「所有的屍體都被解剖過了，我卻沒有找到一個東西，就是靈魂。到底靈魂在哪裡？」

很會讀書的理性，很會賺錢的能力，很會思考的才智，很會考試的腦袋。無論何者，都不比心靈上的滿足更值得被關注。

當發展焦點都放在理性上面，放在現實任務上面，身為人類的心靈翹翹板就會失去平衡，失去了感性的那些種種，即使取得了巨大的成就，難免心裡空虛，總是缺少了些甚麼，也總是難以被滿足與快樂。

有時候，我們應該擁有的其實是一種領悟的智慧，而不是知識。

有時候，我們應該追求的其實是一種充實的滿足，而不是虛榮。

生命，不應該處在不平衡的狀態。

平常心≠消極。小確幸≠踏實。好勝≠積極。

做這個行業，太在乎勝敗成績，很容易把自己逼窘的。

順勢，在一個環境中不求奇蹟出現，放下好高騖遠的目標，放下不切實際的幻想。

著眼當下，多少資源做多少事。盡力而為，問心無愧，其他就都是磨練心性的機會而已。

學習如何真正的快樂，遠比學會如何賺錢更為重要。

錢財只不是達成夢想與理想的墊腳石與工具罷了，卻不該是迷失之源。

「花開無聲、花落無言、心素如簡、人淡如菊、不憂不慮、不怨不怒、不悲不喜、心涼自靜。」

做個淡雅的人，不代表沒有追求理想與奮鬥。

從容而不急趨，自如而不窘迫，審慎而不狷燥，恬淡而不凡庸，這些也未必不是一種積極。

得意不忘形，失意不喪志

自信不驕傲，謙虛不自卑

知足不自滿，施恩不圖報

期許不苛求，深思不迷惑

勇敢不魯莽，果斷不草率

執著不拘泥，溫和不懦弱

剛強不霸道，盛氣不凌人

臨危不慌亂，審慎不猶豫

傳統不守舊，禮多不俗套

批評不中傷，讚美不奉承

成功不自居，自保不欺人

休息不停頓，低潮不退潮

理直不氣壯，矯揉不作態

矯枉不過正，聽從不盲從

節儉不吝嗇，慷慨不揮霍。

中庸之道。不左、不右、非鷹、非鴿。沒有極端，只有修為自律。

悟其智，不如起而行。

國家圖書館出版品預行編目資料

丁丁的房產人生雜記／丁丁著. --初版.--臺中
市：白象文化，2019.11
　　面；　公分
ISBN 978-986-358-887-0（平裝）
1.不動產業 2.通俗作品
554.89　　　　　　　　　　108015055

丁丁的房產人生雜記

作　　者　丁丁
校　　對　丁丁
專案主編　吳適意
出版編印　吳適意、林榮威、林孟侃、陳逸儒、黃麗穎
設計創意　張禮南、何佳諠
經銷推廣　李莉吟、莊博亞、劉育姍、李如玉
經紀企劃　張輝潭、洪怡欣、徐錦淳、黃姿虹
營運管理　林金郎、曾千熏
發 行 人　張輝潭
出版發行　白象文化事業有限公司
　　　　　412台中市大里區科技路1號8樓之2（台中軟體園區）
　　　　　出版專線：（04）2496-5995　　傳真：（04）2496-9901
　　　　　401台中市東區和平街228巷44號（經銷部）
　　　　　購書專線：（04）2220-8589　　傳真：（04）2220-8505
印　　刷　基盛印刷工場
初版一刷　2019年11月
初版二刷　2019年11月
初版三刷　2020年4月
初版四刷　2020年11月
初版五刷　2021年11月
初版六刷　2021年12月
定　　價　330元